Dé rez l'arabe

Spécial vacances !

LAROUSSE

21, rue du Montparnasse
75283 Paris Cedex 06

ISBN 978 2 03 590001-2

Direction de la publication : Carine Girac-Marinier

Direction éditoriale : Claude Nimmo

Édition : Giovanni Picci

Rédaction : Naoual Haddioui

avec
Dominique Chevalier

Relecture-correction : Catherine Bruguière-Colovic, Amir Dakkak, Marianne Mouchot

Remerciements : Dalila Abdelkader, Ziad Bou Akl

Direction artistique : Uli Meindl

Mise en page : Jérôme Faucheux, Giovanni Picci

Fabrication : Marlène Delbeken

Crédits photographiques

p. 3 © fotolia.com : laili. p. 4 © thinkstock.com : adamson. p. 5 © thinkstock.com : Govert Nieuwland, Karam Miri, sodapix sodapix. p. 6 © fotolia.com : Lota, Christoph. © istockphoto.com : Madzia71. © Jeff Dahl (Wikimedia Commons). © thinkstock.com : Luis Alvarez. p. 7 © istockphoto.com : clearandtransparent. p. 8 © thinkstock.com : Alexandr Shebanov, Antonel, Peeter Viisimaa, Valueline. p. 9 © istockphoto.com : 1001nights. © thinkstock.com : Valentin Volkov. p. 10 © fotolia.com : desaif, Murat Cokeker. © istockphoto.com : jcarillet. p. 11 © fotolia.com : Olena Zaskochenko. © istockphoto.com : Steve Cole - christie & cole studio inc. © thinkstock.com : Witold Ryka. p. 12 © fotolia.com : juan35mm. © thinkstock.com : Debbie Hanford, yuliang11. p. 13 © istockphoto.com : jophil, JUAN MONINO. © thinkstock.com : Carl Eriksson, Debbie Hanford. p. 14 © Archives Nathan. © thinkstock.com : Adem Demir. p. 15 © fotolia.com : desaif. © thinkstock.com : Eray Haciosmanoglu, Tjui Tjioe. p. 16 © fotolia.com : air. © istockphoto.com : Marrfa. p. 17 © Archives Larbor : Ph. Jeanbor. © Archives Nathan : Ahmad ibn Kalaf. © fotolia.com : desaif. © Larousse : Olivier Ploton. p. 18 © istockphoto.com : Picture Partners. © thinkstock.com : Arsgera, Daniel Wiedemann. p. 19 © thinkstock.com : Ljupco, Philip Lange, Tatiana Popova. p. 20 © fotolia.com : Pierre-Jean DURIEU, wong yu liang. © thinkstock.com : Eray Haciosmanoglu. p. 21 © fotolia.com : Gosia Biernikiewicz, stéphane jouet. © istockphoto.com : muratseyit. p. 22 © thinkstock.com : George Nazmi Bebawi, Karam Miri, zafer yetik. p. 23 © Archives Larousse : Ph. G. Tomsich. © thinkstock.com : AHMAD FAIZAL YAHYA, Mahmoud Rahhal, Santosh Telkhede. p. 24 © fotolia.com : ramzi hachicho. © thinkstock.com : Frans Rombout. p. 25 © fotolia.com : desaif, Murat Cokeker. © istockphoto.com : jcarillet. thinkstock.com : scaliger. p. 26 © istockphoto.com : Luca di Filippo. p. 27 © fotolia.com : jasmin28, jurand. © istockphoto.com : TadejZupancic. © thinkstock.com : Brendon De Suza. p. 28 © fotolia.com : ramzi hachicho. © istockphoto.com : tekinturkdogan@gmail.com. © thinkstock.com : Getty Images/ iStockphoto, Robyn Mackenzie. p. 29 © Larousse : Marie-José Jarry . © thinkstock.com : Eva Rapoport, ramzi hachicho, scaliger. p. 30 © istockphoto.com : Joakim Leroy. © thinkstock.com : Fuse, kevin browne, Mahmoud Rahhal, Zubaida Yahya. p. 31 © fotolia.com : drfotografie, MONIQUE POUZET, Zbyszek Nowak. © thinkstock.com : Caglar Erkenci, Sylwia Kachel. p. 32 © fotolia.com : Picture Partners. © thinkstock.com : Anton Ignatenco, Elena Schweitzer, Frans Rombout, Robyn Mackenzie, sebasebo, Sylwia Kachel, Yasonya. p. 33 © fotolia.com : VigiePH. © istockphoto.com : Picture Partners. © thinkstock.com : Olga Popova. p. 34 © fotolia.com : marrfa, Phil. © thinkstock.com : Jonathan Larsen, SisterSarah. p. 35 © Archives Larousse : Ph. G. Tomsich. © fotolia.com : Yahia LOUKKAL. © Ph. Coll. Archives Larbor. © thinkstock.com : arne thaysen, robert van beets. p. 36 © fotolia.com : piccaya. © thinkstock.com : Cristo Oliver Luis Yanes, Uliana Khramkina. p. 37 © istockphoto.com : Joel Carillet, Picture Partners. © Larousse : Olivier Ploton. © thinkstock.com : Zoonar RF. p. 38 © fotolia.com : juland, Yahia LOUKKAL. © thinkstock.com : Svetlanka777, Vesna Galesev. p. 39 © Larousse : Olivier Ploton. © thinkstock.com : Maria ?eras?menko, Stockbyte, wayne langley. p. 40 © fotolia.com : Konstantin Kalishko. © thinkstock.com : Aneta Skoczewska, lexan. p. 41 © thinkstock.com : alekosa, Rikard Stadler. p. 42 © fotolia.com : Alfi, Ericos. © istockphoto.com : Bartosz Hadyniak, Fatih Görgün. © thinkstock.com : ilker canikligil, Paul Hakimata, Sasa Milosevic, SMarina. p. 43 © istockphoto.com : Nicolas McComber. © Larousse : Olivier Ploton. © thinkstock.com : Daniel R. Burch. © Wikimedia Commons. © Wissam Chidiak (Wikimedia Commons) . p. 44 © fotolia.com : Bizroug, romaneau. © thinkstock.com : azat ayupov, Ihsan Gercelman, javarman3, Joel Carillet. p. 45 © fotolia.com : Ivan Pesic. © Ph. Coll. Archives Nathan. © thinkstock.com : pdiaz, Wessam Eldeeb.

Sommaire

1 Parlons arabe !

2 Marhaban !

3 Comment tu t'appelles ?

4 Le monde arabe

5 L'islam en deux mots

6 Génies du monde arabe

7 Les chiffres

8 La voix du muezzin

9 Ramadan karim !

10 Un jour de fête

11 Bienvenue au Maghreb !

12 Ô Beyrouth !

13 Les foulards

14 Bon appétit !

15 Yallah yallah !

16 Un verre de thé

17 Un tour au souk

18 À l'hôtel

19 Musique !

20 L'artisanat

LAROUSSE

Découvrir l'arabe

L'alphabet arabe

	nom	au début	au milieu	à la fin	son
ا	ʾalif	ا	ـا	ـا	â
ب	baʾ	بـ	ـبـ	ـب	b
ت	taʾ	تـ	ـتـ	ـت	t
ث	thaʾ	ثـ	ـثـ	ـث	ṯ
ج	jim	جـ	ـجـ	ـج	j
ح	ḥaʾ	حـ	ـحـ	ـح	ḥ
خ	khaʾ	خـ	ـخـ	ـخ	ẖ
د	dâl	د	ـد	ـد	d
ذ	ḏâl	ذ	ـذ	ـذ	ḏ
ر	raʾ	ر	ـر	ـر	r
ز	zây	ز	ـز	ـز	z
س	sîn	سـ	ـسـ	ـس	s
ش	šîn	شـ	ـشـ	ـش	š
ص	Sad	صـ	ـصـ	ـص	ṣ
ض	Dad	ضـ	ـضـ	ـض	ḍ
ط	Taʾ	طـ	ـطـ	ـط	ṭ
ظ	Zaʾ	ظـ	ـظـ	ـظ	ẓ
ع	'ayn	عـ	ـعـ	ـع	ʿ
غ	ġayn	غـ	ـغـ	ـغ	ġ
ف	faʾ	فـ	ـفـ	ـف	f
ق	qaf	قـ	ـقـ	ـق	q
ك	kaf	كـ	ـكـ	ـك	k
ل	lam	لـ	ـلـ	ـل	l
م	mim	مـ	ـمـ	ـم	m
ن	noun	نـ	ـنـ	ـن	n
ه	ha	هـ	ـهـ	ـه	h
و	wâw	و	ـو	ـو	û, w
ي	yaʾ	يـ	ـيـ	ـي	î, y

Une approche ludique et culturelle

Le but de cet ouvrage est de vous faire découvrir l'écriture arabe de façon ludique mais aussi de vous apporter des informations tant culturelles que pratiques, clés d'un voyage réussi dans un pays de langue arabe.

Il s'adresse à tous ceux qui ont déjà quelques notions de la langue arabe, comme à ceux qui souhaitent la découvrir. Pas à pas, vous avancerez vers la maîtrise de l'alphabet en vous entraînant à écrire chaque lettre et ses différentes combinaisons.

Chaque chapitre vous invitera au voyage dans les différentes cultures du monde arabe et vous découvrirez non seulement l'écriture mais les règles essentielles d'une langue dont vous comprendrez le fonctionnement et la logique grâce à des anecdotes et à des jeux.

Avant de vous lancer à l'aventure, quelques points fondamentaux :

- L'arabe s'écrit de droite à gauche ←. Seuls les nombres s'écrivent de gauche à droite : 1950, ١٩٥٠ (voir page 18).
- La ponctuation de l'arabe est identique à celle du français, hormis la virgule (، juste au-dessus de la ligne d'écriture) et le point d'interrogation (؟) qui sont à l'envers.
- La notion de majuscule/minuscule n'existe pas, même pour les noms propres.

- La plupart des lettres s'attachent entre elles. L'arabe est une écriture cursive. Ainsi, lorsque vous écrirez un mot dont toutes les lettres sont liées, vous ne soulèverez jamais votre stylo de la feuille et vous l'écrirez d'un seul mouvement.

Les lettres qui s'attachent entre elles changent de forme en fonction de leur position dans le mot. D'où les colonnes « début, milieu, fin » du tableau ci-contre.

- Seules six lettres ne s'attachent jamais à la suivante : elles ne changent donc jamais de forme ! Elles sont mises en évidence dans notre tableau.

- Comme vous le verrez au fil des chapitres, il y a 3 voyelles longues et 3 voyelles brèves. Les voyelles longues (â, î, û) correspondent à des lettres, alors que les voyelles brèves (a, i, u [prononcez « ou » !]) se notent par des signes, que l'on omet généralement. Par exemple, le mot *banque* sécrit *b-n-k*. La presse et la littérature utilisent donc une écriture sans voyelles brèves. Le Coran, la poésie classique et les livres pour enfants sont des exemples de textes écrits avec des voyelles brèves.

Les lettres solaires et lunaires

En arabe, on oppose les lettres dites « solaires », en référence au mot شمس (šams) qui veut dire *soleil*, aux lettres « lunaires », dont le nom fait écho au mot قمر (qamar) qui veut dire *lune*. La prononciation de l'unique article arabe (= al, voir page 7) change s'il est suivi d'une consonne solaire. Par exemple, « al-qamar » (la lune) reste « al-qamar ». Mais « al-šams » (le soleil) se dit « aš-šams » ; le « l » disparaît et le « š » est redoublé.

Nous avons signalé les lettres solaires dans le tableau ci-contre par un petit pictogramme.

Ce premier apprentissage vous donnera sûrement envie d'en savoir plus. Sachant maintenant reconnaître et écrire toutes les lettres de l'alphabet, une moisson d'expressions et de phrases dans votre besace, vous avez découvert l'extraordinaire richesse des cultures arabes...

Le voyage ne fait que commencer...

1 Parlons arabe !

L'arabe ne date pas d'hier ! Parlée à l'origine par les habitants de la péninsule arabique, elle trouve ses racines dans le groupe des langues dites « sémitiques », auxquelles appartiennent l'hébreu, l'araméen et l'amharique (parlé aujourd'hui en Éthiopie).
À partir du VIIe siècle, après la mort du prophète Mahomet (en 632) et avec l'expansion de l'islam, la langue s'est répandue sur un très large territoire : au Moyen-Orient, en Afrique du Nord et jusqu'en Espagne.

Aujourd'hui, l'arabe est parlé dans une vaste partie du monde, allant de l'Atlantique à l'océan Indien C'est la langue officielle de 22 pays, qui constituent la Ligue arabe.

La Ligue arabe

C'est une organisation internationale créée en 1945 et dont le siège est au Caire. Disposant du statut d'observateur à l'ONU, elle rassemble les 22 pays ayant l'arabe comme langue officielle et a pour but de promouvoir leur coopération.

Les expressions indispensables

أتكلّم الفرنسيّة	ʾatakallamu al-faransiyya	Je parle français.
أكتب كلمة	ʾaktubu kalima	J'écris un mot.
أقرأ كتاب	ʾaqraʾu kitâb	Je lis un livre.
أتعلّم العربيّة	ʾataʿallamu al-ʿarabiyya	J'apprends l'arabe.

Les lettres vedettes د et ذ

د Cette lettre s'appelle dâl et se prononce exactement comme le « d » français. Elle ne s'attache jamais à la lettre qui la suit (à sa gauche !) et s'écrit de la même manière, quelle que soit sa place dans le mot :

au début : درس au milieu : مدرسة à la fin : جديد

ذ Cette lettre s'appelle ḏâl et se prononce comme « this » en anglais. Elle s'écrit exactement comme le « dâl », mais avec un point au-dessus.
Elle non plus ne s'attache jamais à la lettre qui suit et garde la même forme quelle que soit sa position dans le mot :

au début : ذهب au milieu : أذهب à la fin : أستاذ

À vous de jouer !

Entourez la lettre د (dâl) dans les mots suivants :

فرد ساعد دلّ

مدير درب عيد

À vous de jouer !

Quel(s) mot(s), parmi les mots suivants, ne contien(nen)t ni le د (dâl) ni le ذ (ḏâl) ?

وسادة ذرّة ضرب بليد

Les langues arabes

Faites bien la distinction ! Il y a d'un côté ce qu'on appelle l'**arabe classique**, celui du Coran, de la poésie avant l'islam et des Mille et une nuits. On parle aussi d'**arabe moderne** (ou **standard**) : c'est l'arabe de l'administration, des manuels scolaires et des médias (Al Jazeera, par exemple). Si vous lisez la poésie de Mahmoud Darwich, vous lisez de l'**arabe littéraire** ou **littéral**. À peu de choses près, on est face à la même langue, une langue formelle, qui prend le nom de **fusha** et qui couvre l'ensemble du monde arabe (plus de 200 millions de locuteurs). Apprendre l'arabe moderne veut dire pouvoir communiquer du Maroc jusqu'au Yémen...

De l'autre côté, il y a l'arabe parlé, l'arabe de la rue, des conversations quotidiennes au café, des discussions en famille... bref une vraie langue maternelle : on appelle ça l'**arabe dialectal**, **ammiyya** (langue commune), ou **darija** (langue courante). Tout pays arabe a son dialecte, voire plusieurs dialectes : on parle alors d'arabe marocain, égyptien, libanais, etc. On peut donc parler des langues arabes, comme on parle des langues romanes ou slaves. C'est une même famille, avec des variantes géographiques et bien sûr des influences locales ou des emprunts étrangers (principalement du français ou de l'anglais).

Zoom sur l'article ال

En arabe, il n'existe qu'un seul article défini ال (al), pour le masculin et le féminin. Il s'écrit attaché au nom qu'il précède pour en faire un seul mot. Il correspond aux différents articles « le, la, l', les » en français.

كتاب = un livre الكتاب = le livre

À vos crayons !

On va maintenant s'entraîner à écrire les lettres د (dâl) et ذ (ḏâl). Suivez le tracé grisé.

د ① ② د د ____

ذ ① ② ذ ذ ____

Et quand une lettre les précède...

ـد ② ① ـد ـد ____

ـذ ② ① ـذ ـذ ____

Pour les as !

Ajoutez l'article défini aux noms suivants :

دار ذقن

ذرة دب

Des mots pour parler...

قال	qâla	dire
تكلّم	takallama	parler
تعلّم	taᶜallama	apprendre
درس	dars	leçon
لغة	luġa	langue
كلمة	kalima	mot
كتاب	kitâb	livre

2 Marhaban ! أَهْلاً وَسَهْلاً

« Marhaban », « ahlan wa sahlan », « as-salamu alaykum »... c'est ce que l'on entendra partout pour dire « bonjour ». Les salutations revêtent une importance capitale dans les pays arabes et les formules de politesse peuvent prendre un peu plus de temps qu'ailleurs. C'est un rituel qui nécessite parfois plusieurs minutes ! Mais il vous suffira de retenir la plus connue de toutes : **as-salamu alaykum**, qui veut dire en gros « la paix soit avec vous ». Quant aux gestes, cela dépendra de l'âge, du niveau social et des liens de parenté. Parfois, on verra les gens s'embrasser les mains au Maghreb, ou le nez dans certains pays du Golfe. Mais le geste le plus neutre reste la poignée de main. Petite gaffe à éviter tout de même : n'attrapez pas d'emblée la main d'une femme... Hommes et femmes se saluent sans se toucher la main, à moins que les femmes prennent l'initiative de tendre la leur !

Dites-le en poèmes !

En Egypte, il existe plusieurs manières de dire « bonjour ». On vous souhaitera une matinée de jasmin (**sabâh al-yasmîn**), de fleurs parfumées (**sabâh al-fol**), de roses (**sabâh al-ward**), de crème fraîche (**sabâh al-ichta**), ou de lumière (**sabâh an-nour**). A vous de choisir votre douceur.

Les mots pour se saluer

السّلام عليكم!	as-salâmu ʿalaykum	Bonjour ! (toute la journée)
صباح الخير!	ṣabâh-ul-ḩayr	Bonjour ! (le matin)
مساء الخير!	masâʾ-ul-ḩayr	Bonsoir !
ليلة سعيدة!	layla saʿîda	Bonne nuit !
مع السلامة!	ma-ʿas-salâma	Au revoir !
إلى اللقاء!	ʾi-lâl-liqâʾ	À bientôt !

Les lettres vedettes ر *et* ز

ر Cette lettre s'appelle raʾ et se prononce comme le « r » roulé italien.
Elle ne s'attache pas à la lettre qui suit et s'écrit de la même manière, quelle que soit sa place dans le mot :

au début : رمل   au milieu : مسرح   à la fin : حوار

ز Cette lettre s'appelle zây et se prononce comme le « z » de Zazie. Elle s'écrit exactement comme le « raʾ », avec un point au-dessus.
Elle ne s'attache jamais à la lettre qui suit et s'écrit de la même manière, quelle que soit sa place dans le mot :

au début : زهور   au milieu : غزال   à la fin : موز

Les salamalecs

Salamalecs... ça ne vous rappelle rien ? Ce mot passé dans la langue française vient tout droit de **as-salamu alaykum**, la manière la plus commune de dire « bonjour » dans le monde arabe. Eh oui, les salutations dans les pays arabes ça prend du temps, ça peut même s'éterniser... d'où cette expression qui renvoie à des politesses exagérées et répétées.

À vous de jouer !

Entourer la lettre « zây » dans les mots suivants :

موز   جزر   زرافة

Les incontournables

كيف الحال؟	kay-fal-ḥâl ?	Comment ça va ?
كلّه تمام	kolluh tamâm	Très bien.
نعم	naʿam	Oui.
كلّا	kallâ	Non.
شكراً	šukran	Merci.
تفضّل	tafaḍḍal	Je vous/t'en prie.

On se fait la bise ?

La bise est perçue comme un geste moderne dans certains pays arabes. Elle est plus répandue entre personnes du même sexe, et peut être mal vue entre deux sexes différents. Elle reste souvent limitée au cadre familial : entre parents et enfants, frères et sœurs, oncles et nièces... Entre femmes, la bise est plus fréquente. Entre hommes, on se touche les joues sans vraiment s'embrasser. Ne soyez pas surpris(es) si on vous fait deux, trois, quatre bises, parfois sur la même joue !

Pour les as !

Entourez les mots féminins, en vous fondant sur la terminaison :

بط	سميرة	جميلة
كريم	كريمة	كتبته
جديد	انتباه	عربي

Zoom sur les mots féminins

- Les mots qui désignent des personnes de sexe féminin sont féminins :
  بنت (bent) = jeune fille
- Ceux qui se terminent par la lettre ة (tâ' marbuta) sont également féminins :
  سيّارة (sayyâra) = voiture

Notez que ة s'écrit ـة si la lettre qui précède lui est attachée :
حقيبة (ḥaqiba) = sac

À vos crayons !

On va maintenant s'entraîner à écrire les lettres ر (ra') et ز (zây). Suivez le tracé grisé.

ر ر ر

ز ز ز

Et quand une lettre les précède...

ـر ـر ـر

ـز ـز ـز

À vous de jouer !

Repérer la lettre « zây » dans le tableau suivant.

ث	ش	ر	س
ض	ذ	د	م
ز	ي	ه	ح
ع	ز	ت	ب
ك	ل	غ	ر

3 Comment tu t'appelles ?

Karim, Malika, Aziz, Adil… Quelle est l'origine de ces prénoms ? Saviez-vous que chacun d'eux a une signification ? Ainsi Fayçal signifie « très puissant », Karima « généreuse », Djamila « belle » etc. Au moment de choisir un prénom pour leur enfant, les parents peuvent puiser dans une véritable mine : les **99 attributs traditionnels d'Allah**, qualificatifs toujours élogieux rappelant sa puissance, sa générosité, sa clémence… : le juste (al-adil), le tout-puissant (al-aziz), le généreux (al-karim), le miséricordieux (ar-rahim), le sage (al-hakim)… De là, une profusion de prénoms valorisants pouvant parfois commencer par **abd**, qui signifie « adorateur » : abd-el rahim (adorateur du miséricordieux)…

Les pronoms personnels singuliers : je, moi, tu, toi

- « Je » et « moi » se disent ʾanâ et s'écrivent أنا
- « Tu » et « toi » se disent et s'écrivent de deux manières, suivant que l'on s'adresse à un homme ou à une femme :

Tu, toi (masculin) : أنتَ ʾanta

Tu, toi (féminin) : أنتِ ʾanti

Pour les curieux !

أنتَ أنتِ

Regardez bien les deux mots ci-dessus, qui signifient « tu ». Voyez-vous le petit signe qui fait la différence ? Entourez-le et si la curiosité est trop forte, rendez-vous au chapitre 6 !

La lettre vedette ا

ا C'est la première lettre de l'alphabet. Elle s'appelle ʾalif. Le ʾalif ne s'attache jamais à la lettre qui suit et s'écrit de la même manière **au milieu** et **à la fin** d'un mot.

au milieu : نار à la fin : أنا

Dans ces deux cas, le ʾalif se prononce « a », comme en français, mais en faisant traîner un peu plus et c'est pourquoi on le transcrira « â ». Par exemple, si le ʾalif suit la consonne د, on aura donc دا (dâ).

Et qu'est-ce qui se passe lorsque le ʾalif se trouve **au début** du mot ?
Pour le savoir il faut que l'on fasse connaissance avec un signe, très important, qui s'appelle hamza.
Le hamza ressemble à un 2 à l'envers (ء).
Si on écrit le hamza au-dessus de la lettre ʾalif (أ), cette dernière se prononcera ʾa ou ʾu, avec un coup de glotte.
Si on l'écrit en dessous (إ), on prononcera ʾi, toujours avec un coup de glotte.
C'est quoi cette histoire de coup de glotte ?
Petite leçon : lorsqu'en français on dit « attention ! », on perçoit comme un arrêt de respiration. Cet arrêt correspond à la hamza et se transcrira par le signe suivant : ʾ.

Um et Abu

Il est un usage encore très répandu dans de nombreux pays arabes : bien souvent vous entendrez des noms tels que **Um Fatma** et **Abu Mohammed**, qui signifient « mère de Fatma » et « père de Mohammed ». Explication : à la naissance de leur premier enfant - par exemple Ahmed - le père et la mère deviennent Abu Ahmed et Um Ahmed. Cet usage, restreint à la famille et aux amis, se veut une marque de respect et d'estime.
Petite curiosité : les Égyptiens sont tous amoureux de leur pays et l'appelle tout simplement **um el donya**, la mère du monde...

Pyramides de Gizeh

À vous de jouer !

Placez le hamza lorsqu'il le faut sur les mots suivants :

ʾasad	اسد
kitâb	كتاب
rummân	رمّان
ʾakram	اكرم

Faisons connaissance !

ما اسمكَ؟	mâ ismuka ?	Comment tu t'appelles ? (si l'on pose la question à un homme)
ما اسمكِ؟	mâ ismuki ?	Comment tu t'appelles ? (à une femme)
اسمي	ʾismî…	Je m'appelle… (littéralement, « mon prénom est… »)
تشرّفنا!	tašarrafnâ	Enchantée(e) !

À vos crayons !

On va maintenant s'entraîner à écrire le ʾalif et le hamza. Suivez le tracé grisé.

ا ا ا

ء ء ء

أ أ أ

إ إ إ

La famille

أم	ʾum	mère
أب	ʾab	père
بنت	bint	fille
ابن	ʾibn	fils
أخ	ʾaḫ	frère
أخت	ʾuḫt	sœur

4 Le monde arabe

On entend souvent parler du « monde arabe ». Que peut bien recouvrir cette expression ?
Pas moins de 22 États, membres de la Ligue arabe, répartis entre **le Maghreb**, dans la partie occidentale, et **le Machrek**, dans la partie orientale, plus communément appelé Moyen-Orient.
Sur les 22, combien êtes-vous capable d'en citer ? Et d'en situer ?
On vous aide :

- Au nord de l'Afrique, le **Maghreb** (« lieu du soleil couchant ») composé de 5 pays : le Maroc, l'Algérie, la Tunisie, auxquels on ajoute Libye et Mauritanie. On y parle deux langues, l'arabe et le tamazight (ou berbère).
- Le **Machrek** (« lieu du soleil levant ») regroupe les pays arabes d'Asie : l'Iraq, la Syrie, le Liban, la Palestine, la Jordanie, le Koweit, l'Arabie saoudite, le Qatar, Bahrein, le Yémen, Oman et les Émirats arabes unis. Plus largement, sont inclus l'Égypte et le Soudan. C'est dans cette région du monde que va naître l'écriture et que sont apparues les plus grandes civilisations : en Mésopotamie (actuel Iraq), Sumer, Akkad et Babylone ; en Égypte, les pharaons. En Syrie, en Palestine, au Liban et en Jordanie, les Phéniciens. C'est en Arabie saoudite, à La Mecque et à Médine, que naît l'islam. Au Moyen Âge, Damas (en Syrie), puis Bagdad (actuel Iraq) sont les capitales du monde musulman. Trois autres pays font aussi partie de la Ligue arabe : la Somalie, les Comores et Djibouti.

Est-ce que tu sais parler arabe ?

هل تتكلّم العربيّة؟	hal tatakallamu al-ʿarabiyya?	Est-ce que tu parles l'arabe ?
أتكلّم العربيّة جيّداً	ʾatakallamu al-ʿarabiyya jayyidan	Je parle bien l'arabe.
لا أتكلّم العربيّة جيّداً	lâ ʾatakallamu al-ʿarabiyya jayyidan	Je ne parle pas bien l'arabe.
العربيّة سهلة	al-ʿarabiyya sahla	L'arabe est facile.
العربيّة صعبة	al-ʿarabiyya ṣaʿba	L'arabe est difficile.

Samarra, Iraq

La lettre vedette و

و Cette lettre s'appelle wâw. C'est une voyelle longue (= ou) et correspond également au son « w » comme dans « oui ».

au début : ورد au milieu : نورس à la fin : دلو

Comme vous le voyez, le « wâw » ne s'attache jamais à la lettre qui suit et garde toujours la même forme.

L'Institut du monde arabe

Vous êtes à Paris et vous souhaitez découvrir la diversité et la richesse de la culture arabe ? Un seul lieu, unique dans tous les sens du terme : L'Institut du monde arabe, plus familièrement appelé IMA, situé dans le Ve arrondissement (www.imarabe.org). Musée, expositions temporaires, concerts, spectacles, conférences, bibliothèque et une librairie spécialisée combleront votre soif de découverte. Vous pouvez même y apprendre l'arabe ! À la fin de votre visite, direction le dernier étage pour un thé à la menthe et quelques pâtisseries dans le restaurant panoramique. Dépaysement garanti !

Les langues

الفرنسيّة	al-faransiyya	le français
الألمانيّة	al-almâniyya	l'allemand
الإنجليزيّة	al-injilîziyya	l'anglais
العربيّة	al-ʿarabiyya	l'arabe

À vous de jouer !

Voici les lettres apprises jusque-là :

ا ة ز ر ذ د

Repérez la lettre wâw, puis entourez la seule lettre que vous ne connaissez pas encore :

زوروا دورة

مدار ورد

Zoom sur les pronoms singuliers : il, elle

- « Il » et « lui » se disent *huwa* et s'écrivent هو.
- « Elle» se dit *hiya* et s'écrit هي.

Pour les as !

Reliez le pronom (en vert) au nom de même genre :

هو جميل

هي جميلة

Arabesque

Quel est le rapport entre les deux images ci-dessus ? Il s'agit de deux exemples d'arabesque. Si les Arabes n'ont pas inventé l'arabesque, ils ont utilisé cet ornement composé d'une suite d'enroulements végétaux, de lettres et de motifs entrelacés à partir du XIe siècle. Ornement majeur de l'art islamique, l'arabesque est utilisée dans tous les domaines et dans toutes les techniques. En danse classique, l'arabesque est une pose dans laquelle une jambe est levée en arrière et un bras tendu en avant. Elle aussi est inspirée des motifs orientaux...

À vos crayons !

On va maintenant s'entraîner à écrire la lettre و.

و ___ و ___ و ___ ___

L'islam en deux mots

L'islam (littéralement « soumission » à Dieu) est une religion monothéiste, la troisième, chronologiquement, après le judaïsme et le christianisme. Elle est fondée sur un livre, le **Coran** (« al-Qur'an al Karim », « la récitation »), qui est considéré comme le recueil de la parole de Dieu révélée à Mahomet, par l'intermédiaire de l'archange Gabriel entre 612 et 632. À la mort de Mahomet, certaines parties du Coran transmises oralement sont écrites par ses compagnons. Mais ce n'est que dans les années 650-655, sous le troisième calife Uthman, qu'est établie la version définitive.

Le Coran comporte 114 **sourates** (chapitres), elles-mêmes subdivisées en **versets**, appelés « ayat ». Les musulmans mettent beaucoup de soin à une diction parfaite du Coran ; l'art de la diction est appelé **tajwid**. Pour en juger par vous-même, rendez-vous dans les mosquées le vendredi ou pendant le mois de ramadan, mais également sur Internet !

Les califes

Le **califat** est le système politique qui régissait la société musulmane après la mort de Mahomet. Les quatre premiers califes, malgré leurs luttes incessantes, sont dits Ar-Râsidûn (Bien Guidés), car ils ont gouverné pendant 30 ans selon les principes de la loi musulmane et représentent l'idéal du souverain proche de ses sujets. Après le califat d'Ali, le dernier des Bien Guidés, quatre grands califats se succèderont : les Omeyyades, les Abbassides, les Fatimides et les Ottomans.

Pays et villes

أوروبّا	ʾûrûbbâ	Europe
فرنسا	faransâ	France
باريس	bârîs	Paris
إنجلترا	ʾinjiltrâ	Angleterre
لندن	lundun	Londres
إيطاليا	ʾîṭâlyâ	Italie
روما	rûmâ	Rome
ألمانيا	ʾalmânyâ	Allemagne
برلين	barlîn	Berlin
بلجيكا	baljîkâ	Belgique
بروكسيل	bruksîl	Bruxelles
إسبانيا	ʾisbânyâ	Espagne
مدريد	madrîd	Madrid

La lettre vedette ي

ي Le **ya**ʾ est à la fois une voyelle longue et une consonne. Lorsqu'elle est employée comme voyelle, elle se prononce comme le « i » de « dire ». Comme consonne, elle se prononce comme le « y » de « yacht ».

Le **ya**ʾ a la même forme au début et au milieu du mot et s'attache à la lettre qui suit.

au début : يوم au milieu : ربيع à la fin : هي

Si elle est seule ou se trouve à la fin du mot, sa forme est différente. Sa boucle descend en dessous de la ligne d'écriture. Vous retiendrez aussi que le **ya**ʾ, quelle que soit sa forme, présente toujours deux points en dessous. C'est son trait distinctif principal !

À vous de jouer !

Retrouvez la lettre « yaʾ » dans le tableau suivant :

ث	ز	ن	م
ي	ب	ك	د
ش	ح	ا	ج
يـ	ث	هـ	تـ

Sunnites et chiites

Le sunnisme et le chiisme sont deux courants de l'islam, apparus après la mort du Prophète. Au moment de la succession, une dispute éclata entre les compagnons du Prophète et les partisans de son cousin et gendre, Ali. Selon les chiites, c'était Ali qui méritait le califat et ils le considèrent donc comme le premier calife. Pour les sunnites, qui s'appuient sur la sunna (« coutume, comportement traditionnel »), Ali est le quatrième. Représentant près de 90 % des musulmans, les sunnites vivent en Afrique du Nord, en Arabie saoudite, en Syrie, en Iraq et en Indonésie. Majoritaires en Iran, les chiites sont également présents en Iraq et au Liban.

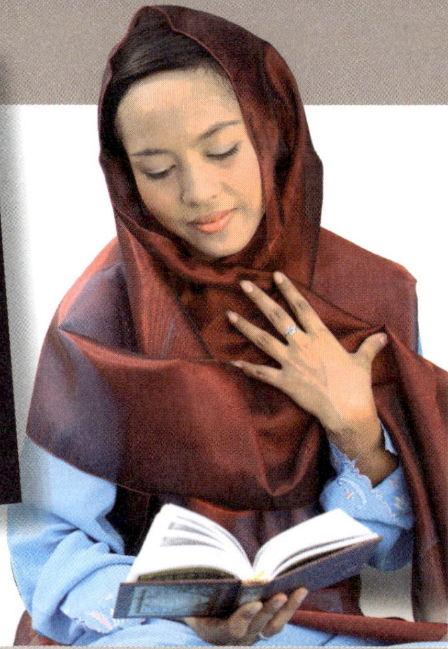

Les religions

أنا مسلم	ʾanâ muslim	Je suis musulman.
أنا مسيحي	ʾanâ masîḥiy	Je suis chrétien.
أنا مؤمن	ʾanâ muʾmin	Je suis croyant.
أنا ملحد	ʾanâ mulḥid	Je suis athée.

La phrase nominale

Au présent, l'arabe fait l'économie du verbe « être ». Pour dire : je suis une fille, je suis française et je suis de Paris, vous direz : moi fille, moi française, moi de Paris. On peut difficilement faire plus simple !

Je suis de Paris.	أنا من باريس	ʾanâ min bâris
Je suis à la maison.	أنا في البيت	ʾanâ fil bayt
Je suis français.	أنا فرنسي	ʾanâ faransî

À vos crayons !

On va maintenant s'entraîner à écrire le yaʾ ي.

① ② ي ي ي ______

En début de mot :

① ② يـ يـ يـ ______

Au milieu du mot :

ـيـ ـيـ ـيـ ______

À la fin du mot :

ـي ـي ـي ______

Pour les as !

Mettez les étiquettes dans l'ordre, pour former deux phrases :

من ○ هو ○ أوروبّا ○

في ○ مدريد ○ أنتِ ○

6 Génies du monde arabe

Avez-vous déjà entendu parler d'**Avicenne**, d'**Averroès** ou d'**Ibn Khaldun** ? Ils vivaient au Moyen Âge et font partie des grandes figures de l'histoire. Indissociables de ces grands hommes, les **maisons de la sagesse** (bayt al-hikma), apparues dans le monde arabe au début du IXe siècle. Ces institutions étaient à la fois des lieux de réunion, des bibliothèques mais aussi des centres de traduction où des ouvrages philosophiques et scientifiques de première importance ont été traduits du grec, du persan vers l'arabe et ont pu rayonner dans le monde entier.

Avicenne (Ibn Sina) est un scientifique de l'Iran médiéval, le plus célèbre représentant de la médecine arabe. Il s'intéressait aussi à la philosophie, à l'astronomie, à la chimie et à la psychologie. Traduite en latin, son œuvre exercera une grande influence en Europe jusqu'au XVIIe siècle. L'Anglais Roger Bacon le qualifiait de « chef et prince des philosophes ».

Averroès (nom latinisé d'Ibn Ruchd) est un philosophe, théologien islamique, juriste, mathématicien et médecin du XIIe siècle. Penseur éminent de l'Espagne musulmane, il est le plus grand commentateur d'Aristote. Son œuvre stimule la pensée occidentale médiévale, puis l'humanisme de la Renaissance.

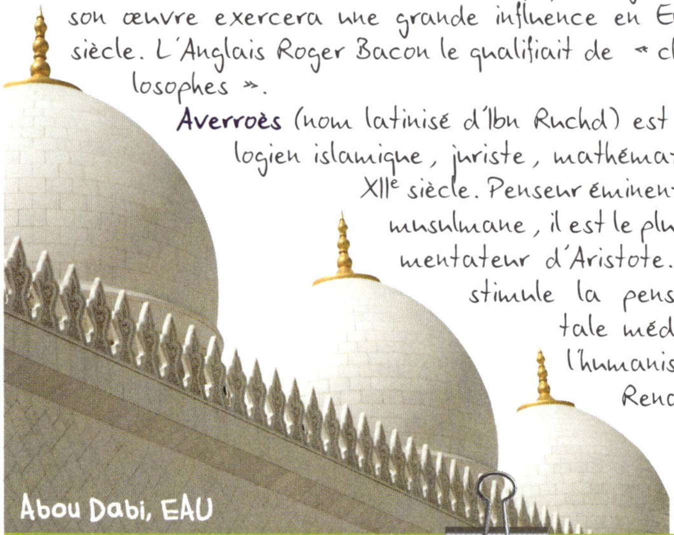

Abou Dabi, EAU

L'algèbre

En mathématiques, c'est le nom de l'érudit **Al-Khawarizmi** qui a survécu jusqu'à nous. Il devint célèbre grâce à son traité sur l'algèbre et son système de résolution d'équations dans son livre « al-jabr wa al-muqabala ». Il est le premier à utiliser le zéro ainsi que les chiffres arabes. Le mot français « algèbre » vient ainsi de l'arabe - al-jabr - qui signifie « réduction » (à une forme plus simple).

Les voyelles brèves et le soukoun

Nous l'avons vu, il y a 3 voyelles en arabe : â, î et û (prononcé ou).
Ces voyelles peuvent être brèves. Lorsqu'elles sont brèves, elles ne sont pas toujours écrites, mais lorsqu'elles s'écrivent, elles prennent la forme d'un petit signe que l'on ajoute au-dessus ou en dessous de la lettre.

- La voyelle brève a s'appelle fatḥa : c'est un petit trait que l'on met au-dessus de la lettre. Par exemple دَ (da).
- La voyelle brève i s'appelle kasra : c'est un petit trait que l'on met en dessous de la lettre. Par exemple دِ (di).
- La voyelle brève u s'appelle ḍamma : c'est un petit 9 que l'on met au-dessus de la lettre. Par exemple دُ (du).
- Il existe également un petit signe appelé soukoun qui signale que la consonne correspondante se prononce sans voyelle. C'est un petit rond que l'on écrit au-dessus de la lettre.

دْ ne se lira donc ni da, ni di, ni du mais tout simplement d.

À vous de jouer !

Reliez les consonnes et leur prononciation :

زُ — du — رْ — da — زِ — zu — zi — دَ — دُ — r

Ibn Khaldoun

Si vous voulez découvrir l'histoire des Arabes et plus spécifiquement celle du Maghreb, il faudra vous pencher sur l'œuvre monumentale du Tunisien Ibn Khaldoun, géographe, philosophe, historien, diplomate et homme politique du XIVe siècle. Sa façon d'analyser les changements sociaux et politiques du Maghreb et de l'Espagne de son époque ainsi que sa réflexion sur les causes des événements du passé, l'importance des sources, de leur authenticité et de leur vérification à l'aune de critères purement rationnels en font un précurseur de la sociologie moderne.

Ibn Khaldoun

Les pronoms pluriels

نحن	naḥnu	nous
أنتم	antum	vous (masculin)
أنتنّ	antunna	vous (féminin)
هم	hum	ils
هنّ	hunna	elles

Expressions incontournables

أحبّ التاريخ	ʾuḥibbu at-târiḫ	J'aime l'histoire.
أنا جيّد في الجغرافية	ʾanâ jayyid fîl juġrâfya	Je suis bon en géographie.
أنا ضعيف في الرّياضيّات	ʾanâ ḍaʿîf fîr-riyâḍiyyât	Je suis nul en maths.
أنا أكره الفلسفة	ʾanâ ʾakra-hul-falsafa	Je déteste la philosophie.

À vos crayons !

On va maintenant s'entraîner à écrire les trois voyelles brèves et le soukoun.

دَ دَ دَ دَ ___

دِ دِ دِ دِ ___

دُ دُ دُ دُ ___

دْ دْ دْ دْ ___

Pour les as !

Cherchez l'intrus :

هنّ أنتنّ

هو نحن

Les matières à l'école

تاريخ	târîḫ	histoire
رياضيّات	riyâḍiyyât	mathématiques
جغرافية	juġrâfya	géographie
أدب	ʾadab	littérature
شِعر	šiʿr	poésie
فلسفة	falsafa	philosophie

7 Les chiffres

Comme leur nom ne l'indique pas, ce ne sont pas les Arabes qui les ont inventés, mais sans doute les Indiens !
Au début du Moyen Âge, en Europe, on employait encore les chiffres romains. Pour écrire 127, on écrivait 100+10+10+5+1+1, soit CXXVII et, avec ce système, calculer devenait très compliqué.
Les Arabes, en contact avec l'Inde, en adoptèrent les chiffres, y compris le zéro : à chaque valeur de rien à 9 correspond un signe particulier, et non une combinaison de signes. Al Khawarizmi, savant perse de langue arabe, contribua au IXe siècle à la diffusion des chiffres indiens et des opérations arithmétiques qu'ils permettent. Les Européens en prirent connaissance (par des traductions latines de son fameux traité mathématique) à partir du XIIe siècle. Ils les ont appelés « chiffres arabes » sans connaître leur origine indienne.
Paradoxalement, aujourd'hui, ce ne sont pas nos chiffres arabes (1, 2, 3 ...) qui ont le plus cours dans le monde arabe. Vous verrez les 1, 2, 3 plutôt au Maghreb, et plutôt le ١, ٢, ٣ au Machrek. Attention ! Contrairement aux lettres, les nombres se lisent de gauche à droite, qui était le sens indien !

monnaie égyptienne

Les chiffres indiens

C'est ce que vous verrez partout au Proche Orient. Donc mieux vaut une petite révision :

٠	0
١	1
٢	2
٣	3
٤	4
٥	5
٦	6
٧	7
٨	8
٩	9
١٠	10

Les lettres vedettes ب, ت *et* ث

ب Cette lettre s'appelle ba' et se prononce comme le « b » français, par exemple dans « bobo ».

au début : بدر au milieu : طبل à la fin : كتب

Vous remarquerez qu'elle a presque toujours la même forme. Au début et au milieu, le « ba' » s'attache à la lettre suivante. C'est pourquoi sa petite boucle disparaît : ب → بـ

ت Cette lettre s'appelle ta' et correspond au son « t ». Elle s'écrit comme le « ba' », mais, comme vous l'aurez certainement remarqué, au lieu d'avoir un point en dessous, elle a deux points au-dessus.

au début : تمر au milieu : ستار à la fin : بيت

Toujours comme la « ba' », le « ta' » s'attache à la lettre qui suit et change légèrement de forme au début et au milieu du mot, où elle présente une forme réduite : ت → تـ

ث Cette lettre s'appelle tha' et correspond au son « th » de l'anglais « three ». Elle s'écrit comme le « ba' » et le « ta' », sauf qu'elle a trois points au-dessus. Petite astuce pour s'en souvenir : le « tha' » a trois points et se prononce comme three [3]...

au début : ثلج au milieu : نثر à la fin : مثلّث

Au début et au milieu du mot, la petite boucle finale disparaît et le « tha' » s'attache à la lettre qui suit : ث → ثـ

Comptons de 1 à 10

Écrivez le bon chiffre indien dans la case qui lui correspond :

واحد	wâḥid	1	☐		ستّة	sitta	6	☐
اثنان	iṯnân	2	☐		سبعة	sabʿa	7	☐
ثلاثة	ṯalâṯa	3	☐		ثمانية	ṯamâniya	8	☐
أربعة	ʾarbaʿa	4	☐		تسعة	tisʿa	9	☐
خمسة	ḫamsa	5	☐		عشرة	ʿašara	10	☐

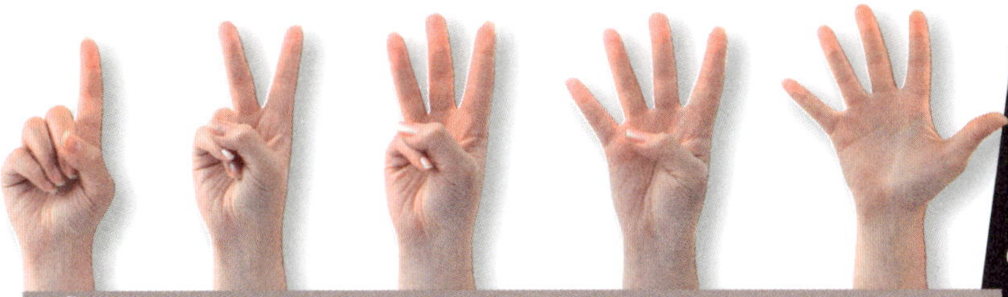

Pour les as !

Quelle est la valeur de cette pièce ?

....

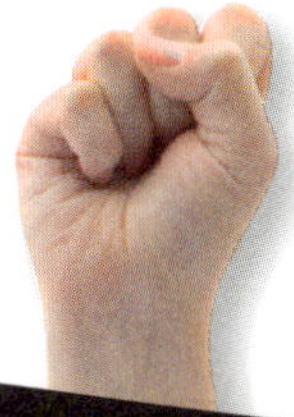

Le chiffre zéro

Le mot « zéro » provient du mot arabe **sifr** (vide). Ce sont les Italiens qui, dans un premier temps, transcriront le mot **sifr** en « zifero », qui donnera par la suite le mot actuel « zéro ». Le mot français « chiffre » provient lui aussi de l'arabe **sifr**, retranscrit en latin « cifra ». Petit rappel : le zéro indien c'est un point (**.**), alors que **٥** veut dire « cinq ».

À vos crayons !

On va maintenant s'entraîner à écrire les lettres ب (baʾ), ت (taʾ) et ث (thaʾ). Suivez le tracé grisé.

① ②

ب ب ب ______

ت ت ت ______

ث ث ث ______

Et quand elles se trouvent au milieu du mot...

ـبـ ـبـ ـبـ ______

ـتـ ـتـ ـتـ ______

ـثـ ـثـ ـثـ ______

Sudoku arabe

	٦		٢	٥		٨		٩
٨		٤		٣	٧			
٥			١			٤	٧	
٦			٧	٨		٥	٤	
		٩				١		
	٣	٥		١	٦			٨
	٥	١			٢			٤
			٨	٧		٣		١
٣		٨		٤	١		٥	

8 La voix du muezzin

Cinq fois par jour, le **muezzin** monte tout en haut du **minaret** de sa mosquée, pour inviter le fidèle à prier (chez lui ou à la mosquée). On entend parfois plusieurs appels retentir en même temps, provenant de plusieurs mosquées différentes. Cet appel à la prière (**al-adhan**) est le fond sonore le plus envoûtant des villes arabes.

La mélodie n'est pas la même selon que vous êtes au Caire ou à Marrakech mais, partout, le texte est identique : « Allah est le plus grand. Je témoigne qu'il n'y a de Dieu autre qu'Allah. Je témoigne que Mahomet est le messager d'Allah. Venez à la prière. Venez à la félicité. Allah est le plus grand. Il n'y a pas d'autre Dieu qu'Allah. »

Casablanca, Maroc

Le pluriel régulier masculin

Pour mettre un mot au pluriel en arabe, on ajoute un suffixe à la fin des mots, exactement comme pour le s du pluriel régulier français : livres.

Au masculin, le suffixe est ûn (ون) ou în (ين). Le premier quand le nom est sujet dans la phrase ; le deuxième, si le nom est complément. Dans l'arabe courant, on utilise souvent în pour marquer le pluriel.

Petit exemple : le pluriel de فرنسي faransiy (français) est : فرنسيّون (faransiyyûn) ou bien فرنسيّين : faransiyyîn

Les lettres vedettes ط et ظ

ط Cette lettre s'appelle Ta'. Elle sonne comme le « ta' » (ت) de l'unité précédente, mais elle est prononcée avec plus de force. On l'appelle pour cela un « Ta' emphatique ». Quant à sa forme, il s'agit d'une lettre très simple car elle s'écrit toujours de la même manière, que ce soit au début, au milieu ou à la fin du mot. Et ce, même si elle s'attache à la lettre suivante :

au début : طاولة au milieu : مطبخ à la fin : سوط

ظ Et voilà la petite sœur de « Ta' » : Za'. Elle s'écrit comme le « Ta' » mais avec un point au-dessus. Elle se prononce entre le « z » du mot « gaz » et le « the » de l'anglais « there ». Comme le « Ta' », elle ne change jamais de forme et s'attache à la lettre qui suit.

au début : ظرف au milieu : عظم à la fin : حفظ

Les 5 piliers de l'islam

Tout bon musulman doit respecter 5 règles d'or : les 5 piliers de l'islam.

1) Croire en un seul Dieu et à Mahomet, son messager.
2) Prier cinq fois par jour.
3) Faire l'aumône à ceux qui en ont besoin.
4) Jeûner pendant le mois de Ramadan (entre le lever et le coucher de soleil).
5) Se rendre au moins une fois dans sa vie à La Mecque.

Détendez-vous !

Le hammam, lieu magique ouvert à tous, s'inspire des bains publics byzantins, héritiers des thermes romains. Chaque hammam, du plus simple au plus luxueux, a sa propre décoration, souvent en céramique, mais a toujours la même structure en trois espaces à température différente : salle froide, modérée et très chaude. Il y a des heures réservées aux hommes, des heures réservées aux femmes. On y va pour se détendre, pour discuter avec ses amis et siroter un thé à la menthe...

Presque totalement disparus au Caire, vous trouverez un hammam dans tous les quartiers des villes marocaines, tunisiennes et algériennes. Et si vous êtes à Paris, rendez-vous à la Grande Mosquée du Ve arrondissement : son hammam est un vrai hammam traditionnel, avec des marbres, des mosaïques et une fontaine en porphyre. Un thé à la menthe vous attend après le gommage et le massage...

La Grande Mosquée de Paris

À vous de jouer !

Pour chaque mot en début de colonne, quelle est la bonne combinaison ?

طبيب	أذيّة	زيارة	ترتيب
ظ + ب + ي + ب	أ + ذ + ي + ت	ز + ى + ا + ر + ة	ت + ر + ت + ب + ي
ط + ي + ب + ي	أ + ز + ي + ة	ز + ي + ا + ر + ة	ت + ر + ت + ي + ب
ط + ي + ي + ب	أ + ز + ت + ة	ذ + ي + ا + ر + ة	ت + ر + ت + ي + ي
ط + ب + ي + ب	أ + ذ + ي + ة	ز + ت + ا + ر + ة	ي + د + ت + ي + ب

À vos crayons !

On va maintenant s'entraîner à écrire les lettres ط (Ta') et ظ (Za'). Suivez le tracé grisé.

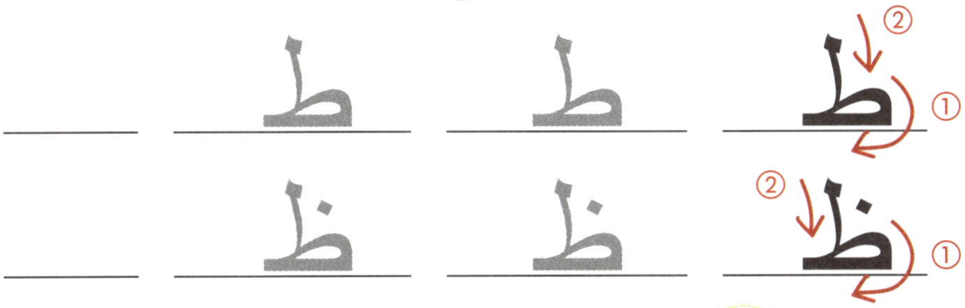

Inchallah !

Le mot in šā'a allah signifie littéralement si Dieu le veut. In est l'équivalent de « si », šā'a, signifie « vouloir ». Les musulmans utilisent cette expression à chaque fois qu'ils évoquent un projet futur ou quand ils souhaitent voir quelque chose se réaliser mais en se soumettant à la volonté de Dieu dont dépend la décision finale.

9 Ramadan karim !

Ce sont les vœux que l'on s'échange lorsqu'arrive le ramadan ! Ramadan correspond, en fait, au 9e mois du calendrier lunaire qui est utilisé dans le monde musulman. Pendant ce mois sacré (celui pendant lequel l'archange Gabriel est apparu à Mahomet pour lui dicter le Coran), les musulmans pratiquants, adultes et en bonne santé, ne mangent ni ne boivent, de l'aube au coucher du soleil. Comme le ramadan ne tombe pas le même mois d'une année sur l'autre, les jours de jeûne peuvent être plus ou moins longs (et éprouvants). Mais, à la rupture du jeûne (**iftar**), une fois le soleil couché, la fête commence ! Si le ramadan signifie pour certains sacrifice, partage et spiritualité, pour d'autres il évoque plutôt les sorties dans les souks illuminés, les chansons, les réunions familiales autour des plats traditionnels. La fête de l'**Aïd el-Fitr** marque le dernier jour du ramadan. Les gens arborent alors leurs plus beaux habits et les enfants reçoivent des cadeaux ! Cela ne vous rappelle pas un peu Noël ?

Debout !

Pour ne pas avoir faim et soif pendant la journée de jeûne, on prend un repas avant l'aube : le **Suhur**. Vous n'aurez pas besoin de réveil ! Un tambourineur se faufile dans les rues avec son tambour (**tabl**) pour vous faire sortir du lit... Un vrai ramdam !

Vœux et souhaits

رمضان كريم	ramaḍan karim	Bon Ramadan !
رمضان مبارك	ramaḍan mubârak	Bon Ramadan !
عيد سعيد	ʿîd saʿîd	Bonne fête !
عيد ميلاد سعيد	ʿîd mîlâd saʿîd	Joyeux anniversaire !
مبروك	mabrûk	Félicitations !

La lettre vedette ن

ن Cette lettre correspond au « n » français, comme dans « nounou ». Elle s'appelle noun.

au début : نار au milieu : مناخ à la fin : بن

Au début du mot et au milieu, elle ressemble à la lettre « baʾ » :

نـ noun بـ ba

Seule différence : le noun a un point au-dessus, le baʾ a un point en dessous.
Lorsqu'il se trouve à la fin du mot, le noun prend sa forme entière et la boucle descend en dessous de la ligne d'écriture.

نـ ن

Pour les as !

Entourez les mots qui contiennent le noun :

هناك سياسة غنم
أكثر شتاء معبر

Les saisons

خريف	ḫarîf	automne
شتاء	šitâʾ	hiver
ربيع	rabîʿ	printemps
صيف	ṣayf	été

À vous de jouer !

Cochez les lettres qui s'attachent :

ت ن ظ ا

ب ذ ر

La Mecque et Médine

La Mecque, ville natale du Prophète, et Médine, qui abrite son tombeau, sont les deux villes sacrées de l'Islam et se trouvent en Arabie saoudite. Mahomet quitta La Mecque avec ses disciples en 622 pour fuir les persécutions et rejoignit Médine. Des millions de musulmans pratiquants se rendent chaque année en pèlerinage (hajj) à La Mecque, dans le but de tourner sept fois autour de la Kaaba, construction cubique recouverte d'un brocart noir brodé de versets coraniques et contenant « la pierre noire », une météorite qui serait tombée du paradis.

Le pluriel régulier féminin

Si le pluriel régulier masculin se termine par « în » ou « ûn », le pluriel régulier féminin se termine par le suffixe ât. C'est le pluriel des noms féminins singuliers possédant à la fin : « tâ' marbuta » (ة).

Pour former le pluriel on remplace donc le ta' marbuta (ة) par « ât » (ات).

كبيرة (kabîra) *grande* → كبيرات kabîrât *grandes*

À vous de jouer !

Reliez chaque singulier à son pluriel :

مهندسة	رسّامون
طاولة	مهندسات
رسّام	مسلمون
مسلم	طاولات

À vos crayons !

On va maintenant s'entraîner à écrire la lettre ن (noun). Suivez le tracé grisé.

ن ن ن

En début de mot :

نـ نـ نـ ① ②

Au milieu du mot :

ـنـ ـنـ ـنـ ② ①

À la fin du mot :

ـن ـن ـن ① ②

Mabrouk !

Mabrouk est un mot que vous entendrez très souvent ! On l'emploie pour féliciter quelqu'un à l'annonce d'un événement heureux. Vous dites que vous allez vous marier ? Mabrouk ! Votre enfant est né ? Mabrouk ! On vous le dira aussi pour un examen réussi ou une promotion. Littéralement, « mabrouk » veut dire : « c'est béni »... Si vous observez bien, mabrouk est associé en effet à la baraka (la bénédiction), un autre « mot-clé » de l'arabe, passé en français dans l'expression « avoir la baraka » = avoir de la chance...

10 Un jour de fête

Vous connaissez déjà le mot **aid** qui veut dire « fête ». Eh bien, voici deux fêtes majeures à retenir !
D'abord, l'**aid al-fitr**, qui clôt le mois de Ramadan (appelé aussi le **petit aid**) : trois jours de réjouissances ; les rues s'illuminent et les tables se colorent de plats et de gâteaux délicieux !
Ensuite, l'**aid al-kabir**, (le **grand aid**), célébré soixante-dix jours après la fin du Ramadan. On le connaît également sous le nom de **aïd al-adha**, la fête du sacrifice, parce qu'elle commémore le sacrifice que Dieu demanda à Abraham. On connaît la fin de l'histoire : Dieu prit pitié d'Abraham et remplaça son fils par un mouton. Ainsi, pour cet aid majeur, on tue un bœuf ou un mouton et on le partage avec ses proches et avec les plus démunis.

Le calendrier lunaire

Dans le monde arabe et musulman, deux types de calendrier sont utilisés : le calendrier grégorien, pour les affaires quotidiennes, et le calendrier islamique, pour la célébration des fêtes religieuses (aid). Ce dernier est un calendrier lunaire : il correspond aux cycles de formation de la lune. Il se compose de 12 mois et chaque mois compte entre 29 et 30 jours. La nouvelle année est marquée par l'Hégire, qui rappelle le départ du prophète Mahomet de La Mecque vers Médine, en 622. Pour cette raison, on l'appelle également calendrier hégirien. Et souvenez-vous que selon le calendrier hégirien, on est encore au XVe siècle !

Les jours de la semaine

الأحد	al-aḥad	dimanche
الإثنين	al-iṯnayn	lundi
الثلاثاء	aṯ-ṯulaṯâʾ	mardi
الأربعاء	al-arbiʿâʾ	mercredi
الخميس	al-ḫamîs	jeudi
الجمعة	al-jumuʿa	vendredi
السبت	as-sabt	samedi

La shadda

ـّـ

La shadda est comme la fatha, la kasra, la damma et le soukoun. Ce n'est pas une lettre, mais un signe tout petit qui s'écrit au-dessus de la lettre.

Elle ressemble à un petit « w ». Sa présence signifie que la lettre correspondante est double.

Dans دُبّ (doubb = ours), la shadda est sur le « baʾ » : بّ.

On le prononce donc comme s'il y avait 2 « b ».

Arabe ou musulman ?

Ne confondez pas ! Être arabe ne veut pas forcément dire être musulman, et vice versa. Les Turcs et les Iraniens sont musulmans mais ils ne sont pas arabes. De même, au Moyen-Orient, par exemple en Égypte ou au Liban, de nombreux Arabes sont chrétiens.

Le duel

Armez-vous... de patience ! En français, le pluriel commence à partir de deux. En arabe, il commence à partir de... trois ! Le nombre « deux » correspond en effet au **duel**.

Pour former le duel, on ajoute le suffixe ân (ان) ou bien une fatha sur la dernière lettre et le suffixe (يْن), ce qui donne la terminaison ayn. Le choix du suffixe dépend de la place du nom dans la phrase : « ân » s'il est sujet (cas sujet), et « ayn », s'il est complément (cas direct et indirect).

un livre	deux livres
كتاب (kitâb)	كتابان (kitâbân) ou كتابَيْن (kitâbayn)
une feuille	**deux feuilles**
ورقة (waraqa)	ورقتان (waraqatân) ou ورقتَيْن (waraqatayn)

Pour les as !

Duel ou pluriel ? Cochez la bonne case :

	duel	pluriel
سيّارتان		
فرنسيّات		
يومان		
مسافرون		

وَتَوَكَّلْ عَلَى اللَّهِ وَكَفَى بِاللَّهِ وَكِيلًا

Un week-end en semaine ?

Chez les musulmans, le vendredi est le jour de la prière, c'est un jour sacré. La majorité des États musulmans en a donc fait un jour de congé. Ce que nous appelons le « week-end » tombe le vendredi et le samedi, faisant du même coup du dimanche le premier jour de la semaine. C'est « yawm al-ahad » : le premier jour !

Entraînez-vous !

Attachez les lettres suivantes pour former des mots :

- ب د ر
- ث و ر
- ب ذ و ر

À vos crayons !

On va maintenant s'entraîner à écrire la shadda sur la lettre ت (ta').

تّ تّ تّ

Le temps qui passe...

اليوم	al-yawm	aujourd'hui
غداً	ġadan	demain
بعد غد	ba'da ġad	après demain
أمس	'ams	hier
قبل أمس	qabla 'ams	avant-hier
الآن	al-'ân	maintenant

11 Bienvenue au Maghreb !

Situé en Afrique du Nord, le **Maghreb** est le lieu du « soleil couchant ». C'est d'ailleurs le nom arabe du Maroc, le pays le plus occidental du monde arabe… Beaucoup pensent que les pays du Maghreb sont le Maroc, l'Algérie et la Tunisie. Mais on peut y inclure la Libye et la Mauritanie !

Marrakech

Le Maghreb se distingue du reste du monde arabe par la présence de populations de langue et de culture **amazigh**, aux traditions culinaires et vestimentaires différentes. En français, on les appelle les **Berbères**. Le **tamazight** est aujourd'hui une langue officielle au Maroc, à côté de l'arabe, bien sûr. L'arabe parlé au Maghreb présente nombre d'emprunts berbères d'un côté et français de l'autre. La France garde des liens très étroits aujourd'hui avec le Maroc, l'Algérie et la Tunisie. La langue française est d'ailleurs la seconde langue enseignée après l'arabe.

Les expressions indispensables

أنا من الجزائر	ʾanâ min al-jazâʾir	Je suis d'Algérie.
أسكن في تونس	ʾaskunu fî tûnis	J'habite en Tunisie.
أنا مغربي	ʾanâ maġribî	Je suis marocain.

Les mots voyageurs

Les mots voyagent autant que les hommes et, si la langue française s'est beaucoup enrichie au contact de l'arabe, la réciproque est vraie. Imaginons : vous parcourez le Maghreb en voiture… Que faire si le **karbirator** de votre **kamyonn** est en panne ? Trouver un **taksi** ou un **otobiss** pour aller au **garaj** qui vend des **aksèswar**. Ou alors, louer une **limouzinn** avec **chofèr** et ne pas oublier de remplir le **rizirvwar** de **dyezèll**… Et maintenant, **anavan** à toute **vitèss** sur l'**asfalt** !
Vous avez vraiment besoin d'une traduction ?

Lettres vedettes ج, ح et خ

ج Le **jim** se prononce comme le « j » de « jouer ». Il s'écrit de la même façon au début et au milieu du mot. En fin de mot, une boucle descend sous la ligne :

au début : جسر au milieu : نجمة à la fin : تاج

ح Le **haʾ** se prononce comme le « h » de l'anglais « hot ». C'est un son sourd comme le souffle de celui qui essaie de nettoyer ses lunettes en créant de la buée avec son haleine.

au début : حرارة au milieu : إمتحان à la fin : روح

خ Le **khaʾ**, c'est le même son que la jota espagnole.

au début : خبر au milieu : مخفر à la fin : مخ

À l'écrit, c'est le point qui fait la différence : un point en dessous pour le « jim », un au-dessus pour le « khaʾ », pas de point pour le « haʾ ».

Pour les as !

Mettez les points au bon endroit !

ح — haʾ

ح — jim

ح — khaʾ

La nationalité

Il est très simple, en arabe, de dire la nationalité.

Il suffit de rajouter ي (yâ') au nom du pays avec une chadda au-dessus. Pour les pays se terminant par un tâ' marbuta (ة), ou par un 'alif (ا), on obtient l'adjectif en supprimant le 'alif et le tâ' marbûta.

موريتاني	mûritânîy	Mauritanien
مغربي	maġribîy	Marocain
جزائري	jazâ'irîy	Algérien
تونسي	tûnisîy	Tunisien
ليبي	lîbîy	Libyen

Les Berbères

Le mot amazigh signifie « l'homme libre ». Ce sont les plus anciens habitants d'Afrique du Nord. Du Maroc à la Libye, en passant par les grands déserts du Sud, les Amazigh ont préservé tout au long des siècles leur culture et leur langue. Les noms des villes sont souvent d'origine amazigh. Les groupes ethniques « amazigh » les plus connus sont les Kabyles et les Chaouis en Algérie, les Rifains et les Chleuhs au Maroc. Et c'est sur l'île de Djerba que l'on rencontrera principalement les Berbères tunisiens.

Les pays du Maghreb

موريتانيا	mûrîtânyâ	la Mauritanie
المغرب	al-maġrib	le Maroc
الجزائر	al-jazâ'ir	l'Algérie
تونس	tûnis	la Tunisie
ليبيا	lîbyâ	la Libye

Pour les as !

Reliez chaque drapeau à son pays :

تونس — الجزائر — المغرب — ليبيا

À vos crayons !

On va maintenant s'entraîner à écrire la lettre ح (ha').
Suivez le tracé grisé.

ح ح ح

En début de mot :

حـ حـ حـ

Au milieu du mot :

ـحـ ـحـ ـحـ

À la fin du mot :

ـح ـح ـح

Alger la blanche !

Appelée par ses habitants « bahdja », la joyeuse, Alger abrite une merveilleuse casbah construite au temps des Ottomans, inscrite au patrimoine mondial en 1992. Promenez-vous dans ses ruelles tortueuses et escarpées, formant un vrai labyrinthe. Et c'est en voyant ses maisons, toutes peintes à la chaux, que vous comprendrez pourquoi on l'appelle la blanche.

Alger

12 Ô Beyrouth !

Capitale du pays des cèdres, Beyrouth est la plus grande ville du Liban avec plus de 2 millions d'habitants. Centre culturel, touristique et intellectuel du Moyen-Orient, Beyrouth est aussi un haut lieu de la finance et du commerce et l'endroit idéal pour se déchaîner la nuit car sa vie nocturne y est réputée. Frappée par une longue guerre civile dans les années 1970-1980, elle est aujourd'hui encore en pleine reconstruction, et ressemble à un énorme chantier, chantier qui a d'ailleurs permis de révéler son immense patrimoine archéologique.

Beyrouth est vraiment le point de rencontre entre modernité et tradition, Orient et Occident, islam et chrétienté. Cité phénicienne à l'origine, elle est devenue une cité importante de l'Empire romain, avant de passer sous les Omeyyades d'abord, puis sous l'Empire ottoman jusqu'à la Première Guerre mondiale. Beyrouth est aussi un paradis pour les gourmands : la cuisine libanaise est l'une des plus raffinées au monde, métissage de traditions culinaires turques, orientales et méditerranéennes.

Beyrouth

Beyrouth

Les questions

ما اسمكَ؟	mâ ismuka ?	Comment tu t'appelles ?
مَن أنتَ؟	man anta ?	Qui es-tu ?
أين تسكن؟	ayna taskun ?	Où habites-tu ?
كيف حالكَ؟	kayfa ḥâluka ?	Comment vas-tu ?

Les lettres vedettes س *et* ش

س
ش

Le sîn (س) et le šîn (ش) s'écrivent de la même manière, hormis les trois points au-dessus du shîn.

Comme pour le groupe de lettres que l'on a vu dans l'unité précédente, le sîn et le šîn perdent leur boucle au début et au milieu du mot.

au début : سيّارة شمس — au milieu : نسر مشط — à la fin : درس نقش

Le sîn se prononce comme le « s » de « salut ».
Le šîn correspond au « ch » de « chaud ».

À vous de jouer !

Combien de šîn y a-t-il parmi ces mots ?

مشارك ثلج

بث كثير

شارب شرطي

Délices d'Orient

Le plat unique vous ennuie ? Vous aimez piocher et mélanger les saveurs ? Alors, les **mezzés** sont pour vous ! Des dizaines d'entrées différentes, chaudes ou froides, présentées toutes en même temps dans des petites assiettes, façon tapas.... **Hommos** (purée de pois chiches et crème de sésame), **kebbés** (des boulettes ovales de viande), foies de volaille au sirop de grenade, **baba-ghannouj** (caviar d'aubergines), **falafels**, la liste est longue... sans oublier le célèbre **taboulé**, mélange de persil, tomates, blé concassé, oignons et feuilles de menthe, arrosé d'huile d'olive et de jus de citron. Gardez une place pour le dessert, vous ne serez pas déçus !

Demander

ماذا؟	mâḏâ	Qu'est-ce que ?
مَن؟	man	Qui ?
أين؟	ayna	Où ?
متى؟	matâ	Quand ?
كيف؟	kayfa	Comment ?
لماذا؟	limâḏa	Pourquoi ?
كم؟	kam	Combien ?

Poser une question

Pour poser une question fermée (la réponse ne peut être que oui ou non), facile ! On utilise une phrase affirmative mais on la prononce de façon interrogative. Cependant, on peut, si l'on veut, ajouter un petit mot au début : هل (hal).

هي من بيروت	hiya min Beyrouth.	*Elle est de Beyrouth.*
هي من بيروت؟	hiya min Beyrouth?	*Elle est de Beyrouth ?*
هل هي من بيروت؟	hal hiya min Beyrouth ?	

Pour les as !

Reliez les lettres pour former des mots :

Petite astuce : les lettres dans les cases noires ne s'attachent pas à gauche.

ج س د

....

ط ر ز

....

À vos crayons !

On va maintenant s'entraîner à écrire la lettre س (sîn). Suivez le tracé grisé.

س س س

En début de mot

سـ سـ سـ

Au milieu

ـسـ ـسـ ـسـ

En fin de mot

ـس ـس ـس

13 Les foulards

La tradition dans les pays arabes est de se couvrir la tête, mais la raison n'est pas tout à fait la même selon qu'on est un homme ou une femme. Protection contre le soleil pour les premiers, décence et soumission à Dieu pour les secondes... Tchador, burqa, niqab... ces mots vous sont familiers mais connaissez-vous la différence entre ces voiles portés par les femmes musulmanes ? Petite leçon : le **hijab** (حجاب), mot formé sur la racine arabe « hajaba » qui signifie « cacher », « dérober aux regards », cache les cheveux, les oreilles et le cou, ne laissant voir que l'ovale du visage.

Son prolongement, le **niqab** (نقاب), couvre la totalité du corps ne laissant apparaître qu'une fente pour les yeux.

Quant au tchador et à la burqa, ils n'ont rien d'arabe et sont l'objet de toutes les confusions : le premier est surtout porté en Iran, le second en Afghanistan, au Pakistan et en Inde.

Et les hommes ?

Ceux des pays du Golfe, comme les bédouins, portent un foulard plus grand et carré. On le désigne par le nom de **ghutra** (غترة), dans le Golfe, et de **kefieh** (كوفية) en Palestine.

À vous de jouer !

Reliez les foulards à leur nom :

kefieh — **niqab** — **chèche** — **hijab**

La lettre vedette ص

ص On a vu, dans l'unité 8, qu'en arabe il y a des lettres dites emphatiques, c'est-à-dire prononcées avec plus de force : c'est le cas du ط par rapport à ت.
Le س aussi a sa version emphatique : c'est le Sad. Le voici :

au début : صحن au milieu : مصرف à la fin : إجاص

Lorsqu'il se trouve à la fin du mot, le Sad présente lui aussi une boucle, qu'il perd dès qu'il est au milieu ou au début du mot.

Les vêtements

قميص	qamîṣ	chemise
تنّورة	tannûra	jupe
بنطلون	banṭalûn	pantalon
فستان	fustân	robe
معطف	miʿṭaf	manteau
حذاء	ḥiḏâʾ	chaussures
سترة	sutra	veste

Les couleurs

أسود	سوداء	أبيض	بيضاء	أحمر	حمراء
ʾaswad	sawdaʾ	ʾabyaḍ	bayḍâʾ	ʾaḥmar	ḥamrâʾ
noir	noire	blanc	blanche	rouge	rouge (f)

أصفر	صفراء	أزرق	زرقاء	أخضر	خضراء
ʾaṣfar	ṣafrâʾ	ʾazraq	zarqâʾ	ʾaḫḍar	ḫaḍrâʾ
jaune	jaune (f)	bleu	bleue	vert	verte

Pour les as !

Quels sont ces lieux dont le nom contient une couleur ? Essayez de les deviner et écrivez-les en dessous !

Petite astuce : دار (dar) veut dire « maison » et بحر (baḥr) « mer ».

الدار البيضاء
ad-dar al-bayḍaʾ
....

البحر الأحمر
al-baḥr al-aḥmar
....

À vos crayons !

On va maintenant s'entraîner à écrire la lettre ص (Sad).

_______ ص ص ص

Et lorsqu'elle est au milieu du mot...

_______ صـ صـ صـ

Le khôl

Ah ! L'exotisme des femmes arabes au regard langoureux souligné de khôl... Synonyme de beauté, les chansons romantiques en font sans cesse l'éloge. Le khôl est une poudre minérale, noire ou grise, dont la fabrication varie selon les pays, les régions, parfois même les tribus. Déjà utilisé par les Égyptiens, plutôt comme désinfectant, le khôl est toujours présent dans la trousse de maquillage des Arabes et des Berbères. Il s'applique avec un bâtonnet en bois que l'on glisse entre les deux paupières. Il protégerait même des mauvais esprits.

Les adjectifs

En arabe, l'adjectif s'accorde en genre et en nombre avec le nom qu'il qualifie. L'une des caractéristiques des adjectifs est la présence de deux voyelles : la fatha sur la première consonne et le « yaʾ » entre la deuxième et la troisième.

جديد	jadîd	nouveau
جميل	jamîl	beau
كبير	kabîr	grand
صغير	ṣaġîr	petit

L'adjectif se place toujours après le nom.

مدينة كبيرة
madîna kabîra
une grande ville

نهر جميل
nahr jamîl
une belle rivière

14 Bon appétit !

Saviez-vous que le couscous est le 3e plat préféré des Français ? Ce mets d'origine berbère est incontournable au Maghreb et chaque pays, chaque région a sa recette... même si la base reste la même : semoule de blé dur cuite à la vapeur et légumes. On appelle couscous aussi bien la semoule que le plat lui-même : ce mot vient du berbère **seksu**. Mais késako ce couscous ? On le prépare aujourd'hui avec du poisson, du poulet, de l'agneau.... Dans l'authentique, une seule viande à la fois ! Et pas de merguez (sauf à Paris) ! Le couscous se sert dans un grand plat et se mange avec les mains. Il peut être salé ou... sucré ! Vous en trouverez au lait, accompagné de graines de grenade et de dattes fourrées à la pâte d'amande. La semoule est très fine et blanche... c'est alors un couscous de fête, servi dans les grandes occasions comme les mariages. Avant l'apparition du couscous industriel, les femmes passaient des heures à rouler la semoule. Aujourd'hui, elle est roulée en machines et se vend sur le marché, dans des grands sacs en jute (ou en plastique !). On trouve même du couscous tout prêt : il suffit d'humidifier la semoule et de verser l'accompagnement lyophilisé ! Rien à voir avec le couscous « maison », fait avec amour et patience dans une bonne vieille couscoussière. Et n'oubliez pas ! Le couscous reste un plat nord-africain. Ne le cherchez pas dans d'autre pays arabes. Au Moyen-Orient, il est aussi exotique que le sushi...

Un café à la cardamome

La cardamome est une plante dont le fruit séché, qui contient les graines, donne l'épice du même nom. Seules les graines sont aromatiques et il est d'usage au Moyen-Orient d'en mettre une dans la tasse de café pour le parfumer et obtenir le fameux *qahwa bi al-hâl* ou café à la cardamome.

Cherchez l'intrus !

Il y a 5 images et 6 noms d'épices. Quel est l'intrus ?

- gingembre
- curcuma
- noix de muscade
- clou de girofle
- safran
- paprika

La lettre vedette ض

ض

Le Dad (ض) est la version emphatique du « dal » (د). Elle fonctionne comme le « Sad » et lui ressemble beaucoup, mis à part le point. Le « Dad » ne prend une boucle qu'en fin de mot :

au début : ضرس au milieu : مضيق à la fin : مريض

C'est une lettre un peu spéciale qui correspond à un son qui n'existe qu'en arabe. C'est pourquoi les spécialistes appellent la langue arabe la langue du « Dad ». Comment arriver à bien le prononcer ? Essayez de dire « d » la bouche pleine...

Les aliments

ماء	mâ'	eau
حليب	ḥalîb	lait
لحم	laḥm	viande
سمك	samak	poisson
خضار	ḫuḍâr	légumes
فواكه	fawâkih	fruits
زيت	zayt	huile

À table !

شهيّة طيّبة! šahiyya ṭayyiba		Bon appétit !
كُلْ! kul		Mange !
لا آكل لحم الخنزير lâ ʾâkul laḥm al-ḫinzîr		Je ne mange pas de porc.
لا أحبّ السّمك lâ uḥibb as-samak		Je n'aime pas le poisson.
شبعت šabiʿt		Je suis rassasié.
أكلت كثيراً ʾakaltu kaṯîran		J'ai beaucoup mangé.

Le tajine est le nom d'un autre délice marocain… Il indique à la fois le mets et le plat qui le contient et dans lequel il est cuit. Mais attention, si vous êtes en Tunisie et vous demandez un tajine, on vous servira une omelette !

Pour les as !

Reliez les lettres dans les tajines pour former des mots :

………………………… 

………………………… 

Les épices

Indispensables, incontournables, elles règnent dans les souks et ont une place essentielle dans la cuisine du monde arabe ! Cumin (al-kamûn), poivre (al-fulful al-'asswad), clou de girofle (al-qurunful), cannelle (al-qurfa), curcuma (al-curcum), safran, gingembre, noix de muscade…
Elles stimulent l'appétit (il fait chaud !), aident à la digestion, donnent saveurs et couleurs aux plats. Et toutes ne piquent pas !
Lors de votre prochain voyage au Maroc, n'oubliez pas d'acheter le célèbre ras el hanout (littéralement, « la tête de magasin » car c'est le produit phare des épiceries), un riche mélange de… saurez-vous les reconnaître ? Sachez que la recette traditionnelle utilise une vingtaine d'épices mais peut en contenir jusqu'à 40 !

Bismillah !

Chah'iyya tayyiba ! est la formule classique pour dire « bon appétit ». Mais cela change en fonction des pays. Au Maghreb, vous entendrez bssahteh, en Égypte bilhana et au Liban sahtin. Pour les plus pratiquants, c'est l'expression bismi allah, début de la psalmodie « bi ismi allah ar-rahman ar-rahim » (« au nom de Dieu le clément et le miséricordieux »), qui se murmure en avalant la première bouchée ! À la fin du repas, on dit alhamdulillah (« rendons grâce à Dieu »). Et si vous êtes invité(e), épatez vos hôtes par un allah yekhlef (« que Dieu vous donne plus ») !

À vos crayons !

On va maintenant s'entraîner à écrire les lettres ض (Dad).

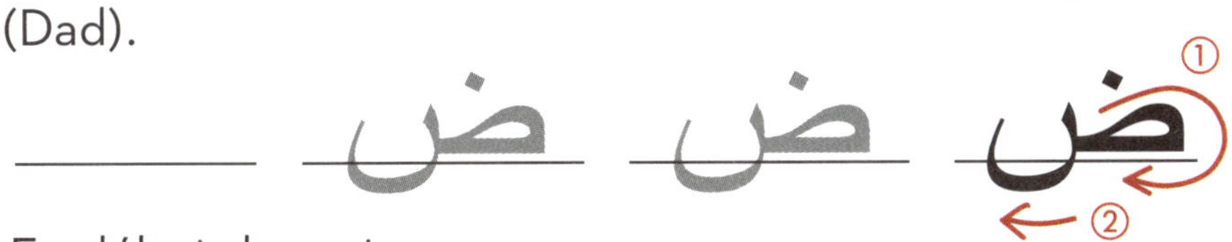

En début de mot

Au milieu

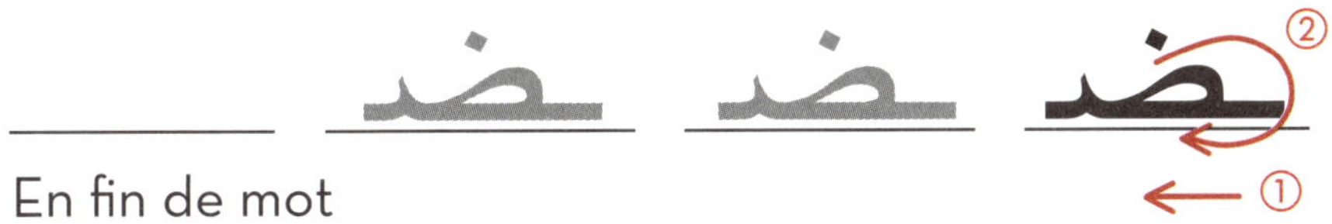

En fin de mot

15 Yallah yallah !

Le Caire

Qu'on se balade au Caire ou à Beyrouth, inutile de chercher un taxi… il est là, qui vous suit, vous guette et se signale à vous d'un petit coup de klaxon. Ruine fumante ? Portes fermées avec de la ficelle ? C'est bien un taxi ! Seul le klaxon marche et votre chauffeur n'hésitera jamais à l'utiliser pour se faufiler dans les embouteillages ! Quant à être seul(e) à bord, n'y comptez pas : sans vous demander votre avis, il peut très bien faire monter deux ou trois personnes supplémentaires. Le prix de la course sera, en principe, divisé d'autant. N'oubliez pas de le fixer à l'avance !

Au Maroc, vous pourrez prendre un taxi collectif, le « grand taxi » : vous le partagerez par 40° à l'ombre, vous serez au moins 2 à l'avant, 5 à l'arrière et une chèvre qui, du coffre, vous soufflera dans le cou. Les solitaires préféreront le « petit taxi » des villes : avez-vous vérifié que le compteur fonctionne ?

À Alger, au Caire ou à Tunis, vous pourrez emprunter le métro, en général très moderne. À Casablanca, le tram, tout juste inauguré en décembre 2012, car le « métro fantôme », en projet depuis 1970, a du mal à voir le jour… si l'on peut dire…

Et si vous voulez vraiment profiter du paysage, prenez le bus. Bondés et bringuebalants, ils sillonnent le pays à petite allure, état des véhicules et parfois des routes oblige, mais vous conduiront dans les coins les plus reculés pour trois fois rien. À proscrire si vous êtes pressé(e), car les arrêts sont fréquents et les moutons rechignent parfois à descendre du toit !

Où se trouve… ?

أريد أن أذهب إلى البنك	ʾurîdu an aḏhaba ʾila al-bank	Je voudrais aller à la banque.
أبحث عن مكتب البريد	ʾabhaṯu ʿan maktab al-barîd	Je cherche le bureau de poste.
أين يوجد؟	ʾayna yujad	Où se trouve ? (m)
أين توجد؟	ʾayna tujad	Où se trouve ? (f)
هنا!	hunâ	C'est ici.
هناك!	hunâk	C'est là-bas.

La lettre vedette ف

ف Cette lettre s'appelle fa' et se prononce comme le « f » de « farine ».

Elle s'écrit de la même manière au début et au milieu du mot. Elle retrouve sa boucle en fin de mot, bien sage sur la ligne :

au début : فرس au milieu : ضفيرة à la fin : مصرف

Cherchez l'intrus !

Solaire ou lunaire ?

Si vous avez un doute, RDV page 4 !

Les transports

طائرة	ṭâ'ira	avion
قطار	qiṭâr	train
سيّارة	sayyâra	voiture
درّاجة	darrâja	vélo
باخرة	bâḫira	bateau
حافلة	ḥâfila	bus

Ibn Battuta

C'est l'un des plus grands voyageurs de tous les temps et ce n'est pas par hasard qu'il est surnommé le « Marco Polo de l'Islam ». Imaginez-vous ce que représente, pour l'époque, un périple de 120 000 kms ! 28 ans de voyages !
Futé, notre homme profite du développement du commerce et se joint aux caravanes ou embarque sur des vaisseaux marchands. Il va parcourir le Moyen-Orient, le Sahara, le Soudan, le Niger, l'Anatolie, l'Inde, les Maldives, Ceylan et ira même jusqu'en Chine. Il sillonne le monde sans relâche et a la bonne idée de raconter ce qu'il voit dans son fameux « Journal de route » (al-rihla), source incomparable d'informations de l'univers du XIVe siècle.

Il y a

هنا (hunâ) et هناك (hunâka) sont deux mots qui servent à situer quelque chose.
« Hunâ » signifie « ici », et « hunâka » « là-bas ».
Hunâka est également employé pour dire « il y a ».

هناك بنت في البيت hunaka bint fil bayt	Il y a une fille dans la maison.

Pour les as !

Reliez ces phrases à leur traduction :

هناك مترو في باريس	Es-tu là ?
أنت هنا؟	Il y a un métro à Paris.
السيّارة هناك	La voiture est là-bas.

Dhahab, Sinaï

Yallah yallah !

La pause dans la station-service est terminée, le conducteur commence à klaxonner pour que tout le monde remonte dans le car... Mais vous êtes en train de rêvasser devant votre gobelet de thé fumant. Yallah yallah ! s'écrie le chauffeur Allez ! Allez ! C'est parti... On y va...
Yallah n'est rien d'autre que « Ya Allah ! » (Ô Dieu !). Vous pourrez même dire yallah bye !, genre « allez, ciao ! » : vous passerez pour un Libanais ou une Libanaise. Pas mal, non ?

À vos crayons !

On va maintenant s'entraîner à écrire la lettre ف (fa').

① ف ② ف ف ______

Et quand elle est au début du mot...

① ف ② ف ف ______

16 Un verre de thé

Dans la culture arabe, le thé est synonyme de convivialité et d'hospitalité : partout vous serez accueillis avec un verre (pas une tasse !) brûlant et parfumé. Bédouins du désert d'Arabie, paysans des montagnes, sédentaires des vallées… tous boivent du thé ou plutôt des thés, car il existe de multiples saveurs. Le thé sahraoui est fort, le thé à la menthe est doux et sucré… Vous pourrez aussi le déguster dans les innombrables cafés, lieux de rencontres et d'échanges, qui tiennent une place privilégiée dans le monde arabe. Voici quelques noms évocateurs : le « Café des délices » à Sidi Bou Saïd en Tunisie, et son thé aux pignons, à siroter le regard perdu dans le bleu de la nuit et de la mer… Goûtez le karkadé (infusion d'hibiscus) en fumant une chicha dans le plus vieux café du Caire, « El Fishawi » ou « le café aux mille miroirs », dans le souk de Khan al-Khalili. Découvrez les pages de Paul Bowles dans son café préféré, le « Hafa » à Tanger et ses terrasses tournées vers les côtes d'Andalousie…

Hafa, Tanger

Au café

أريد قهوة من فضلك	ʾurîdu qahwa min faḍlik	Je voudrais un café, s'il vous plaît.
ما هو طبق اليوم؟	mâ hûwa ṭabaq al-yawm	Quel est le plat du jour ?
أريد سلطة	ʾurîdu salaṭa	Je voudrais une salade.
أعطني كأس ماء!	ʾaʿṭinî ka's mâʾ	Peux-tu me donner un verre d'eau ?
أرغب شاي بالنّعناع	ʾarġabu šây bin-naʿnâʿ	J'ai envie d'un thé à la menthe.

La lettre vedette ق

ق Cette lettre s'appelle qaf. Elle ressemble au « k » de « cactus », mais prononcé beaucoup plus bas dans la gorge. Le « qaf » ressemble à la lettre précédente, le « fa' », mais elle présente une boucle qui descend en dessous de la ligne. Le « qaf » perd cette boucle lorsqu'il est écrit au début ou au milieu du mot.

au début : قهوة au milieu : مقص à la fin : نفق

Du coup, au début et au mileu, sans boucle, le « qaf » ressemble au « fa' » : seule différence, les deux points au-dessus.

ف	ق
faʾ	qaf

À vous de jouer !

Complétez les mots en ajoutant deux points pour le ق (qaf) et un seul pour le ف (faʾ) :

qalam	ٯلم
daftar	دڡتر
luqmân	لٯمان
maqar	مٯر
funduq	ڡندٯ
ṣaf	صڡ

Préparons le thé à la menthe

La préparation du thé est un véritable rituel. Voici les étapes principales :

① Versez 2 cuillères de thé vert (chinois !) dans une théière, puis ajoutez de l'eau bouillante. Tournez, puis videz l'eau. C'est l'étape de lavage du thé. Répétez l'opération deux ou trois fois, jusqu'à ce que l'eau de rinçage soit claire.

② Mettez la menthe dans la théière.

③ Remplissez la théière d'eau bouillante.

④ Ajoutez 8 morceaux de sucre (voire plus...) et laissez infusez pendant 10 minutes.

⑤ Versez le thé dans un petit verre, en élevant et en redescendant la théière.

⑥ Reversez le thé dans la théière en la tenant bien haut. Répétez l'opération plusieurs fois, afin de mélanger le sucre (car on ne touille pas !)

Maintenant, préparez le thé en respectant l'ordre des étapes.

Le tass

Oui ! Vous avez bien lu ! Ce n'est pas une tasse.
Ça ressemble à une théière, mais ça n'a rien à voir avec le thé... c'est le tass ! Sa fonction : permettre aux invités de se laver les mains avant de manger, sans se lever de table.
Dans certains pays, on vous proposera une serviette chaude et humide. Dans d'autres, il est de bon goût de faire un petit détour par la salle de bains. Dans les pays arabes, on fait le tour des invités avec un tass, une bassine en fer (ou en argent) pour recueillir l'eau et une serviette pour sécher les mains.

Les boissons

شاي بالنّعناع	šây bin-naʿnâʿ	thé à la menthe
قهوة بدون سكّر	qahwa bidûn sukkar	café sans sucre
قهوة بالحليب	qahwa bil-ḥalib	café au lait
عصير قصب	ʿaṣîr qaṣab	jus de canne à sucre
عصير برتقال	ʿaṣîr burtuqâl	jus d'orange

À vos crayons !

On va maintenant s'entraîner à écrire la lettre ق (qaf).

ق ① ②　ق　ق　______

Et quand elle est au début du mot...

قـ ① ②　قـ　قـ　______

17 Un tour au souk

SOUK ! Le mot seul fait rêver ! On imagine la foule du marché, le brouhaha, le déballage de produits divers et variés, une débauche de couleurs, de senteurs, un dédale de ruelles... Tout ce qui peut se vendre s'y trouve : habits, bijoux, fruits, légumes, épices, artisanat... dans les souks traditionnels ; voitures, jeux vidéo, articles électroniques dans les souks modernes, appelés aussi « centre commercial » (markaz tijârî). Vous avez repéré une bonne affaire ? Ne cherchez pas l'étiquette, il n'y en a pas, ou elle n'est là que pour la forme ! Le prix se discute et n'est fixé qu'après une longue négociation. Si vous ne savez pas marchander, vous allez payer très cher vos achats ! Mais c'est aussi un lieu de rencontres et d'échanges. Autrefois, les gens y venaient chaque semaine pour se distraire, contracter un mariage, emprunter de l'argent... Cherchez les souks dans les petits villages et les souks spécialisés (épices, ébénisterie, etc.). Le souk, c'est pas le souk, c'est un désordre apparent qui cache une logique bien précise. Les plus connus dans le monde arabe sont les souks du Caire, de Marrakech, de Damas et d'Alep. Pour découvrir les souks modernes, il faut plutôt aller à Beyrouth ou dans les pays du Golfe. Celui de Dubaï est fameux !

Marchandez !

كم الثّمن؟	kam aṯ-ṯaman	Combien ça coûte ?
غالي جدّاً!	ġâlî jiddan	C'est très cher !
خفّضْ الثّمن!	ḫaffiḍ aṯ-ṯaman	Baisse le prix s'il te plaît !
رخيص!	raḫîṣ	Ce n'est pas cher !

Les lettres vedettes ع et غ

ع Cette lettre s'appelle 'ayn. Elle se prononce un peu comme un râle, un son qui part du fond de la gorge. Le «'ayn » a 3 formes différentes :

au début : عنب au milieu : ملعب à la fin : جامع

Au début, elle perd sa boucle. C'est comme un 2 à l'envers. Au milieu, elle ressemble à un petit triangle renversé. À la fin, le petit triangle présente une boucle qui descend en dessous de la ligne.

غ Le ġayn est identique au « 'ayn » sauf pour le point au dessus. Sa prononciation est beaucoup plus facile, car c'est tout simplement un « r ».

au début : غزال au milieu : مغرب à la fin : بالغ

Petite astuce
les lettres dans
les cases noires r
s'attachent pas
à gauche.

À vous de jouer !

Reliez ces lettres :

أ خ ب ا ر

....

ش ح ر و ر

....

En ville...

مدينة	madîna	ville
متجر	matjar	magasin
ساحة	sâḥa	place
شارع	šâriʿ	rue
مطعم	maṭʿam	restaurant
مقهى	maqhâ	café
محطّة	maḥaṭṭa	gare
مطار	maṭâr	aéroport

N'oubliez pas que le ع se transcrit ʿ et que غ se transcrit ġ.

À vous de jouer !

Ajoutez soit la lettre ع soit غ dans la grille suivant la liste de mots ci-dessous :

- forêt = ġâba
- étrange = ġarîb
- wagon = ʿaraba
- habile = bâriʿ

ة	ب	ا	
ب			ر
ر			ي
	ر	ا	ب

C'est le souk ou le bazar ?

Le mot souk, qui veut dire « marché », est d'origine arabe (سوق), alors que bazar est persan ! Les deux mots sont synonymes en français de « désordre », de « pagaille » et c'est bien l'impression ressentie par le voyageur occidental non averti devant un marché oriental. Mais sans fouillis, sans bruit, sans anarchie, le marché... ça ne peut pas marcher ! Vive le « souk » libre !

Pour les as !

هذا ou هذه ? Cochez la bonne réponse :

		هذا	هذه
cette ville	المدينة		
ce prof	المدرّس		
cette gare	المحطّة		
ce café	القهوة		

Ce livre, c'est un livre

Deux mots indispensables à retenir : هذا (hâḏâ) et هذه (hâḏihi). Le premier veut dire « ce », le deuxième « cette ».

Ils sont suivis d'un nom.

- Si le nom a l'article défini (ال), la phrase signifiera « ce... » ou « cette... »

هذا الكتاب (hâḏâ al-kitâb) = ce livre

- Si le nom n'a pas l'article défini (ال), la phrase signifiera « c'est un / une... » :

هذا كتاب (hâḏâ kitâb) = c'est un livre

À vos crayons !

On va maintenant s'entraîner à écrire la lettre غ (ġayn).

غ غ غ ① ②

Au début :

غـ غـ غـ ① ②

Au milieu :

ـغـ ـغـ ـغـ ② ① ③

À la fin :

ـغ ـغ ـغ ② ①

À la caisse !

Les monnaies principales du monde arabe sont le dinar (Algérie, Tunisie, Libye, Jordanie, Bahreïn, Irak, Koweït), la livre (Égypte, Syrie, Liban), le dirham (Maroc, Émirats) et le riyal (Arabie saoudite, Oman, Qatar et Yémen).

18 À l'hôtel

Burj al Arab, Dubaï

Il est loin le temps des caravansérails... Ils jalonnaient le parcours des caravanes et on y trouvait tout ce dont hommes et bêtes avaient besoin : des lieux de repos, de la nourriture, de l'eau, une mosquée... L'équivalent de nos relais de poste. Depuis, les caravansérails ont cédé la place aux hôtels. Dans les pays du Golfe, les plus modernes côtoient les plus anciens. L'hôtel « burj al'arab » (la tour des Arabes) à Dubai, a la forme d'une voile qui sort de la mer et mesure 321 mètres. Au Caire, l'hôtel Marriott est le palais construit en 1869 pour loger les invités lors de l'inauguration du canal de Suez. À Bagdad, le « funduq ar-rachid » a été entièrement restauré mais vous ne marcherez plus sur la tête de George W. Bush en y entrant. La mosaïque placée là par Saddam Hussein afin que l'on puisse s'essuyer les pieds a été retirée ! Mais vous préférerez peut-être loger dans un riad. Ceux de Marrakech, nichés au cœur de la Médina, datent pour certains du XVe siècle.

Tunisie

À la maison

بيت	bayt	maison
منزل	manzil	maison
دار	dâr	maison
غرفة النّوم	ġurfat an-nawm	chambre
مرحاض	mirḥâḍ	toilettes
حمّام	ḥammâm	salle de bains
مطبخ	maṭbaḥ	cuisine
بهو	bahu	salon

Les lettres vedettes ك et ل

ك Le kaf n'est rien d'autre que le « k » de « kayak ». Au début et au milieu du mot sa forme est totalement différente. C'est pratiquement un « zed » renversé.

au début : كرة au milieu : مسكن à la fin : بنك

ل Le lam correspond au « l » de Larousse. Le « lam » ne change pas beaucoup : au début et au milieu ça ressemble au « l » de notre alphabet. Mais, danger ! On peut le confondre avec le « 'alif ».

au début : لحم au milieu : تلفاز à la fin : دليل

Pour éviter toute confusion, souvenez vous que le « 'alif » ne s'attache pas à la lettre qui suit, alors que le « lam » si !

'alif تلفاز lam

À la maison

Un des mots arabes qui désignent la maison est manzil. Il signifie littéralement « le lieu où l'on descend, où l'on fait une halte ». Allons faire un tour ! L'architecture est différente selon les pays. Au Maroc, ce sont les riads, avec leur patio intérieur orné d'une fontaine et de faïences. Au Yémen, les maisons culminent à plusieurs mètres de hauteur. Certaines, bien que construites en pisé, comptent jusqu'à sept étages. Ville du XVIe siècle, Shibam, présente des tours impressionnantes qui lui valent le nom de « Manhattan du désert ». Au cœur de l'Algérie, dans la région du Mzab, les villages fortifiés (ksour) sont alignés en cercles concentriques autour de la mosquée et leurs maisons sont construites en briques d'argile qui assurent chaleur en hiver et fraîcheur en été.

Shibam, Yémen

La possession

Pour dire « mon livre, ton livre, etc. », on ajoute des suffixes à la fin du nom de la chose possédée. Prenons, par exemple, le mot بيت (bayt = maison) au cas sujet, ce qui donne baytu et on y ajoute les suffixes (en rouge) :

ma maison	بيتي	bayti
ta maison (masculin)	بيتكَ	baytuka
ta maison (féminin)	بيتكِ	baytuki
sa maison (à lui)	بيته	baytuhu
sa maison (à elle)	بيتها	baytuha
notre maison	بيتنا	baytuna
votre maison (masculin)	بيتكم	baytukum
votre maison (féminin)	بيتكنّ	baytukunna
leur maison (masculin)	بيتهم	baytuhum
leur maison (féminin)	بيتهنّ	baytuhunna

Les ksour tunisiens

Attention ! Dans le sud tunisien, les ksour sont plutôt des greniers qui ressemblent à des maisons mais qui servaient en effet aux tribus nomades à protéger leurs provisions. Chaque ksar (singulier de « ksour ») est composé de ghorfa (littéralement « chambre »). À ksar Ouled Soltane, on en compte 400 ! Si vous êtes dans le coin, pour dormir, cap sur les maisons troglodytes : de vraies grottes cosy, à température constante, creusées dans un paysage où le temps semble s'être arrêté…

À vous de jouer !

Reliez les phrases à leur traduction :

غرفتك	mon livre
بيتهن	ta chambre
كتابي	leur maison

À vous de jouer !

Entourez le ك et le ل dans le tableau :

ث	ق	ي	ذ	ط
ا	ع	كـ	ة	ج
م	ل	ا	ك	ل

À vos crayons !

On va maintenant s'entraîner à écrire les lettres ك et ل.

D'abord le « kaf », lorsqu'il est seul ou à la fin du mot :

ك ك ك ①②

Ensuite, lorsqu'il est au début ou au milieu…

كـ كـ كـ ①②

Le « lam », d'abord tout seul, puis lorsqu'il est attaché :

ل ل ل ①②

لـ لـ لـ ②①

Pour les as !

Entourez les suffixes possessifs :

ما اسمكَ؟

Comment t'appelles-tu ?

عندي وقت كثير

J'ai beaucoup de temps.

فستانكِ جميل

Ta robe est belle.

19 Musique !

Dès les premières secondes, on reconnaît la musique orientale à ses instruments à cordes, à vent : l'oud, le rebab, le ney, le sintir... ainsi qu'à ses instruments à percussion comme le tar, le daf... Deux formes se côtoient : une musique classique savante, qui accompagne les plus beaux poèmes arabes classiques, et les « muwachahât », qui sont des chansons d'amour d'origine andalouse. Constitué au long des siècles, cet héritage s'est propagé grâce à des artistes d'exception, comme Oum Kalthoum, Fayrouz, Asmahân, Mohamed Abdelawahhab, Cheikh Imam... Chaque pays, chaque ville du monde arabe possède sa propre identité musicale, ses propres instruments, ses danses. De nombreux festivals les font connaître : à Fez, la musique sacrée ; à Essaouira, la musique Gnawa, propre aux régions du sud du Maroc. Au Liban, les festivals de Beiteddine et de Baalbek sont parmi les plus réputés du Moyen-Orient et accueillent de grands artistes de renommée internationale.

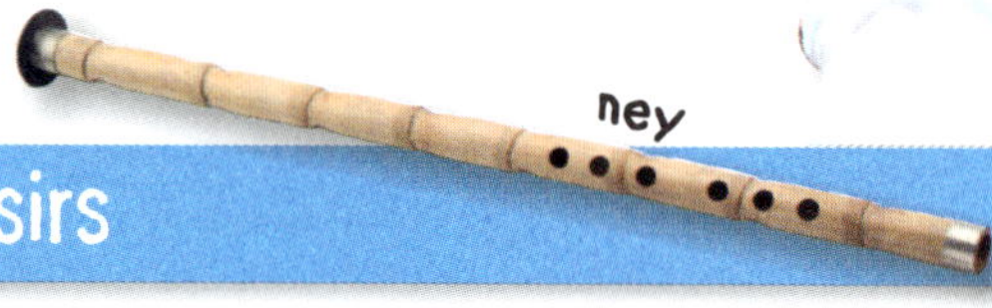

Les loisirs

أعزف على الكمان	ʾaʿzufu ʿalal-kamân	Je joue du violon.
أمارس الرِّياضة	ʾumârisu ar-riyâḍa	Je pratique le sport.
أحبّ الرّقص الشّرقي	uḥibbu ar-raqṣ aš-šarqî	J'aime la danse orientale.

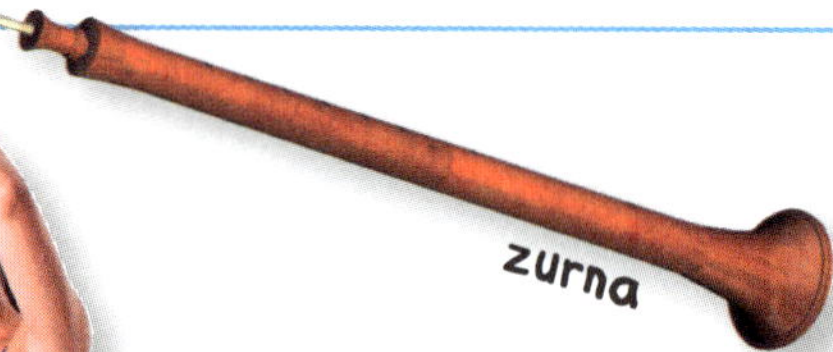

À vous de jouer !

Quel est le point commun des mots suivants ?

مطعم	maṭʿam	*restaurant*
مدرسة	madrasa	*école*
ملعب	malʿab	*stade*
مسرح	masraḥ	*théâtre*
مسبح	masbaḥ	*piscine*

La lettre vedette م

Le mim se prononce comme le « m » de « mer ». À la fin du mot, c'est un petit cercle pourvu d'un jambage, comme le « p » et le « q ».

au début : مصر au milieu : عمر à la fin : رسم

Le raï

Vous connaissez certainement les chanteurs algériens Khaled, Cheb Mami, Faudel... Tous se sont fait connaître grâce à un style musical très particulier : le raï. Cette musique inédite dans le monde lie à la fois des rythmes et des mélodies orientales et occidentales, avec des instruments comme le ney, le bendir, la darbouka... Le raï est né au début du XXe siècle dans l'ouest de l'Algérie. Il s'est étendu aux autres pays du Maghreb, notamment au Maroc, où il est très populaire depuis une dizaine d'années.

Oum Kalthoum ou Fayrouz ?

Deux monstres sacrés ont marqué la chanson arabe contemporaine : la Libanaise Fayrouz et l'Égyptienne Oum Kalthoum, « l'astre de l'Orient ». Jusqu'à sa mort, en 1975, **Oum Kalthoum** a enchanté les peuples arabes. Seule sur scène pendant de longues heures inoubliables, elle était capable de transporter son public jusqu'au « tarab », l'émotion poétique et musicale faisant appel à un large spectre de sentiments. **Fayrouz** est une autre voix. Plus douce, elle a néanmoins un répertoire plus varié, mêlant le classique et le moderne, et plus engagé que celui d'Oum Kalthoum. Elle a su enchanter le monde arabe, avec des chansons magnifiques, rayonnantes de poésie et de splendeurs innombrables. Ses chants célèbrent tout à la fois la nature, l'amour, l'enfance, le Liban, la Palestine... Alors, seriez-vous plutôt Oum Kalthoum... Ou Fayrouz ? Fermez les yeux, et laissez-vous porter...

À vous de jouer !

Reliez ces lettres pour faire des mots :

_______________ ز ر ك

_______________ ك ل س

Cherchez l'intrus !

Les loisirs

موسيقى	mûsîqâ	musique
رقص	raqṣ	danse
غناء	ġinâʾ	chant
سينما	sînamâ	cinéma
تصوير	taṣwîr	photo
رياضة	riyâḍa	sport

Le verbe « avoir »

Pour exprimer le verbe « avoir », on peut employer la préposition عند (ʿinda) qui veut dire « chez », à laquelle on accole les suffixes que l'on a étudiés à l'unité précédente : du coup, pour dire « j'ai un livre », on dira « chez moi un livre » = ʿindî kitâb.

j'ai	عندي	ʿindî	nous avons	عندنا	ʿindanâ
tu as (m)	عندكَ	ʿindaka	vous avez (m)	عندكم	ʿindakum
tu as (f)	عندكِ	ʿindaki	vous avez (f)	عندكنّ	ʿindakunna
il a	عنده	ʿindahu	ils ont	عندهم	ʿindahum
elle a	عندها	ʿindaha	elles ont	عندهنّ	ʿindahunna

À vos crayons !

On va maintenant s'entraîner à écrire la lettre م (mim).

① ② م م م ______

Et quand elle est au milieu du mot...

② ① ـمـ ـمـ ـمـ ______

20 L'artisanat

Les brassages incessants de populations et de cultures au fil des siècles ont donné naissance à un artisanat original et varié. Comme pour la musique ou la cuisine, il diffère d'un pays à l'autre, même si les matériaux utilisés sont les mêmes : argile, bois, cuivre, argent, fer, cuir, laine…
Une des spécialités du Maroc est le travail de la céramique, mais aussi du cuir, du cuivre et de l'argent ainsi que le tissage et la broderie. L'art du « zellige », qui combine formes et couleurs de carreaux émaillés, est né au Xe siècle ! Dans les pays du Golfe, l'artisanat le plus répandu est celui du tissage de la laine et de la teinture du tissu. Au Yémen, il est lié à la construction des maisons de pisé mais on trouve aussi des bijoux en argent et des épées. Au Moyen-Orient, l'abondance d'oliviers a encouragé la confection de savons, les plus connus étant ceux d'Alep, en Syrie.

La main de Fatma

Dans le monde arabe, la patte de lapin ou le trèfle à 4 feuilles prend la forme d'une main : la main de Fatma ! La croyance populaire dit que cette amulette protège du mauvais œil ceux qui la portent. Elle n'a donc rien de religieux et vous la verrez partout, à l'entrée des maisons, dans les voitures ou encore portée en bijou. Les théories sur son origine varient d'une culture à l'autre. Les sunnites l'associent aux cinq piliers de l'islam (les cinq doigts de la main) ; les shiites, aux cinq principaux personnages reconnus en islam shiite : Mahomet, Fatima (la fille du prophète et épouse d'Ali), Ali, Hassan, et Hossein. Très populaire également chez les juifs, Fatma devient Myriam. Son origine se perd dans la nuit des temps mais le chiffre 5 lui est toujours associé, d'où son nom arabe : khamsa.

Les matières

جلد	jild	cuir	فضّة	fiḍḍa	argent
حديد	ḥadîd	fer	قطن	qoṭn	coton
ذهب	ḏahab	or	خزف	ẖazaf	céramique

La lettre vedette ه

Elle s'appelle ha et c'est la lettre qui présente le plus de formes différentes suivant sa position dans le mot. Le «ha» se prononce comme le «h» de l'anglais «home».

au début : هلال au milieu : سهل à la fin : كلّه مياه

En début de mot, on commence un jambage vers la ligne et on y accole une boucle style ruban. En milieu de mot, ça ressemble à un 8 écrasé, aux ailes de papillon, c'est un petit cercle au-dessus de la ligne et un en dessous. À la fin du mot, on l'écrit comme le «taʾ marbouta» sans les deux points (ه comme dans مياه) si la lettre qui précède ne s'attache pas à gauche, ou ـه si la lettre qui le précède s'attache.

Mots cachés

Retrouvez les mots dans cette grille :

ك	ب	ع	ر	د	ي	ر	ا	ه	غ	خ	ص
ث	ر	ء	ف	ر	ى	و	ع	ة	غ	ظ	ي
ي	م	ه	ه	ك	ع	ة	ط	ل	ض	ن	ي
ر	ط	س	ب	م	ل	ن	ا	ث	ب	ف	ا
د	س	ة	ق	ظ	د	ب	ك	م	ظ	ر	د
س	ب	ا	ذ	ه	غ	ت	ق	ش	ش	ب	و
ر	ل	ف	و	ر	ذ	خ	ح	ح	ز	ط	ن
ق	ب	ا	م	ح	د	ز	ك	ج	ظ	ذ	ك
غ	ث	ق	ن	خ	ظ	ف	ق	ا	ع	ا	ت

- كثير
- فقاعات
- صيادون
- غضب
- سطر
- جحش
- مظهر
- خذروف
- خزف

Les phrases verbales

Fastoche ! En arabe, les verbes n'ont que deux temps :

- L'accompli : pour exprimer tout ce qui a été accompli (donc pour parler du passé).
- L'inaccompli : pour exprimer tout ce qui n'a pas été accompli (donc pour parler du présent et du futur).

Retenez juste une dernière petite chose essentielle : le verbe se trouve souvent en début de phrase.

La calligraphie

À l'origine de la calligraphie, le désir de consigner le Coran par écrit. Mais pas question de transcrire la parole d'Allah dans de banals caractères ! Il va falloir les magnifier, leur donner une grâce qui soulignera la valeur du message. La forme des lettres devient alors aussi importante que le sens des mots. Tout un art… Le premier des arts islamiques, né au Xe siècle. Mais l'islam voit d'un très mauvais œil la reproduction de portraits… Grâce à cette écriture « dessinée », aussi cérébrale que graphique, les artistes vont pouvoir contourner l'interdiction et faire du moindre signe une œuvre d'art.

Plus de 6 styles différents ! Le plus ancien : le coufique, rigide et angulaire, utilisé pour la copie des Corans ; le thuluth, plus rond, que l'on voit sur le drapeau de l'Arabie saoudite. Le plus clair : le Nashki, adapté à l'imprimerie et, aujourd'hui à l'ordinateur.. Et toujours, beauté, virtuosité, élégance.

Mais attention, la calligraphie n'est pas uniquement employée dans le domaine religieux : la publicité, l'architecture, la peinture moderne font aussi appel à cet art universel.

À vos crayons !

On va maintenant s'entraîner à écrire la lettre ه (ha).

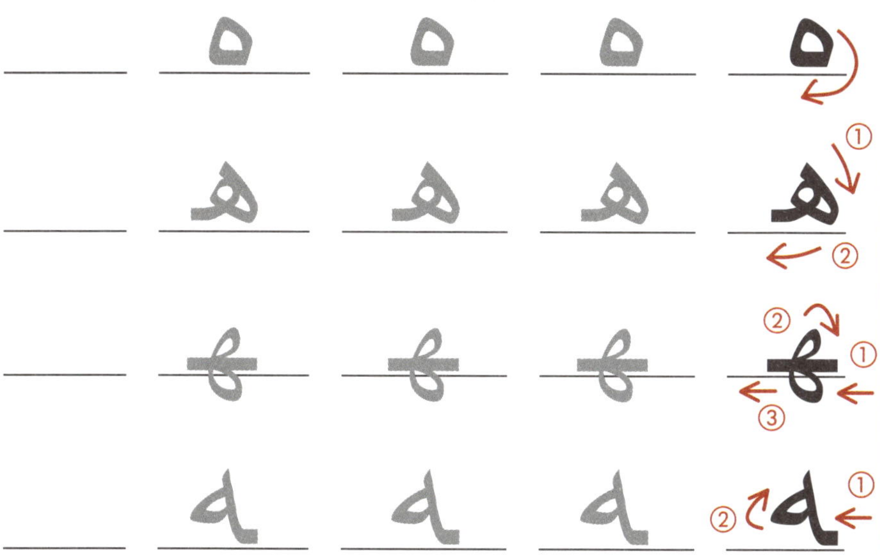

À vous de jouer !

Complétez les mots suivants en choisissant la forme correcte :

	ـه	ه	هـ	ـهـ
ميا_				
أ_ل				
إل_				
ن_ر				
تا_				
_دنة				
_واء				
د_ليز				

Corrigés

1 Parlons arabe !

p. 6

فرد ساعد دلّ
مدير درب عيد

p. 7

الدّار الذّقن
الذّرة الدّب

p. 7

وسادة ذرّة ضرب بليد

2 Marhaban !

p. 8

موز جزر زرافة

p. 9

جميلة سميرة بط
كتبته كريمة كريم
عربي انتباه جديد

p. 9

ث	ش	ر	س
ض	ذ	د	م
ز	ي	ه	ح
ع	ز	ت	ب
ك	ل	غ	ر

3 Comment tu t'appelles ?

p. 10

أنتِ أنتَ

p. 11

رمّان أسد
أكرم كتاب

4 Le monde arabe

p. 13

زوروا دورة
مدار ورد

p. 13

جميل — هو
جميلة — هي

5 L'islam en deux mots

p. 14

ثـ	ز	نـ	م
ي	بـ	ك	د
ش	ح	ا	ج
يـ	ـث	ه	تـ

p. 15

من ② هو ① أوروبّا ③
في ② مدريد ③ أنتِ ①

6 Génies du monde arabe

p. 16

ذُ du — دَ da — زِ zi — رْ r — زُ zu

p. 17

هنّ أنتنّ
هو نحن

7 Les chiffres

p. 19

25

١	٦	٧	٢	٥	٤	٨	٣	٩
٨	٩	٤	٦	٣	٧	٢	١	٥
٥	٢	٣	١	٩	٨	٤	٧	٦
٦	١	٢	٧	٨	٩	٥	٤	٣
٤	٨	٩	٥	٢	٣	١	٦	٧
٧	٣	٥	٤	١	٦	٩	٢	٨
٩	٥	١	٣	٦	٢	٧	٨	٤
٢	٤	٦	٨	٧	٥	٣	٩	١
٣	٧	٨	٩	٤	١	٦	٥	٢

8 La voix du muezzin

p. 21

ترتيب	زيارة	أذيّة	طبيب
ت + ر + ت + ي + ب	ز + ي + ا + ر + ة	أ + ذ + ي + ة	ط + ب + ي + ب

9 Ramadan karim !

p. 22

غنم سياسة هناك
معبر شتاء أكثر

p. 23

ا ظ ✓ ن ✓ ت ✓
ر ذ ب ✓

p. 23

رسّامون — مهندسة
مهندسات — طاولة
مسلمون — رسّام
طاولات — مسلم

10 Un jour de fête

p. 25

	duel	pluriel
سيّارتان	√	
فرنسيّات		√
يومان	√	
مسافرون		√

p. 25

بدر
ثور
بذور

11 Bienvenue au Maghreb !

p. 26

ح ha — ج jim — خ kha

p. 27

المغرب — ليبيا — الجزائر — تونس

12 Ô Beyrouth !

p. 28

شارب مشارك شرطي

p. 29

طرز جسد

13 Les foulards

p. 30

hijab

Kefieh

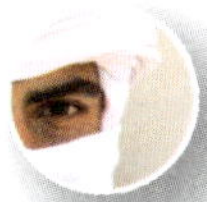

chèche

niqab

p. 31

Casablanca

La Mer rouge

14 Bon appétit !

p. 32

paprika

p. 33

حديث

دخان

15 Yallah yallah !

p. 34

p. 35

هناك مترو في باريس	Es-tu là ?
أنت هنا؟	Il y a un métro à Paris.
السيّارة هناك	La voiture est là-bas.

16 Un verre de thé

p. 36

قلم
دفتر
لقمان
مقر
فندق
صف

p. 37

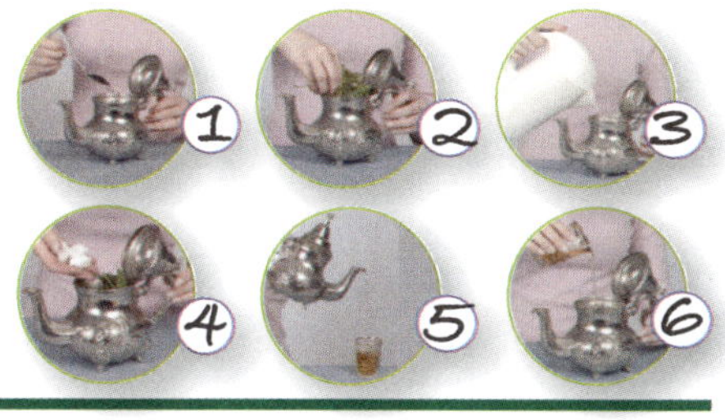

17 Un tour au souk

p. 38

أخبار
شحرور

p. 39

ة	ب	ا	غ
ب			ر
ر			ي
ع	ر	ا	ب

p. 39

هذا	هذه
	✓
✓	
	✓
	✓

18 À l'hôtel

p. 41

ثـ	ق	يـ	ذ	ط
ا	ع	كـ	ة	جـ
م	لـ	ا	ك	ل

p. 41

ما اسمكَ؟
عندي وقت كثير
فستانكِ جميل

p. 41

غرفتك	mon livre
بيتهن	ta chambre
كتابي	leur maison

19 Musique !

p. 42

مطعم	maṭʿam
مدرسة	madrasa
ملعب	malʿab
مسرح	masraḥ
مسبح	masbaḥ

Tous ces mots commencent par la lettre mim et désignent des lieux.

p. 43

كرز
سلك

p. 43

عنده

20 L'artisanat

p. 45

ك	ب	ع	ر	د	ي	ر	ا	ه	غ	خ	ص
ث	ر	ء	ف	ر	ى	و	ع	ة	غ	ظ	ي
ي	م	ه	ه	ك	ع	ة	ط	ل	ض	ن	ي
ر	ط	س	ب	م	ل	ن	ا	ث	ب	ف	ا
د	س	ة	ق	ظ	د	ب	ك	م	ظ	ر	د
س	ب	ا	ذ	ه	غ	ت	ق	ش	ش	ب	و
ر	ل	ف	و	ر	ذ	خ	ح	ح	ز	ط	ن
ق	ب	ا	م	ح	د	ز	ك	ج	ظ	ذ	ك
غ	ث	ق	ن	خ	ظ	ف	ق	ا	ع	ا	ت

p. 45

	ـه	ه	هـ	ـهـ
مياه		✓		
أهل			✓	
إله	✓			
نهر				✓
تاه		✓		
هدنة			✓	
هواء			✓	
دهليز			✓	

Lexique français-arabe

à bientôt	إلى اللقاء	ʾi-lâl-liqâʾ
aéroport	مطار	maṭâr
anglais (langue)	الإنجليزيّة	al-injilîziyya
apprendre	تعلّم	taʿallama
après demain	بعد غد	baʿda ġad
arabe (langue)	العربيّة	al-ʿarabiyya
argent	فضّة	fiḍḍa
au revoir	مع السلامة	ma-ʿas-salâma
aujourd'hui	اليوم	al-yawm
automne	خريف	ḫarîf
avant-hier	قبل أمس	qabla ʾams
avion	طائرة	ṭâʾira
banque	بنك	bank
bateau	باخرة	bâḫira
beau	جميل	jamîl
blanc	أبيض	ʾabyaḍ
blanche	بيضاء	bayḍâʾ
bleu	أزرق	ʾazraq
bleue	زرقاء	zarqâʾ
bon marché	رخيص	raḫîṣ
bonjour (le matin)	صباح الخير	ṣabâḥ-ul-ḫayr
bonjour	السّلام عليكم	as-salâmu ʿalaykum
bonne nuit	ليلة سعيدة	layla saʿîda
bonsoir	مساء الخير	masâʾ-ul-ḫayr
bus	حافلة	ḥâfila
café (lieu)	مقهى	maqhâ
café (boisson)	قهوة	qahwa
ce	هذا	hâḏâ
céramique	خزف	ḫazaf
cette	هذه	hâḏihi
chambre	غرفة النّوم	ġurfat an-nawm
chant	غناء	ġinâʾ
chaussures	حذاء	ḥiḏâʾ
chemise	قميص	qamîṣ
cher	غالي	ġâlî
cinéma	سينما	sînamâ
cinq	خمسة	ḫamsa
combien ?	كم	kam
comment ?	كيف	kayfa
coton	قطن	qoṭn
cuir	جلد	jild
cuisine	مطبخ	maṭbaḫ
danse	رقص	raqṣ
demain	غداً	ġadan
deux	اثنان	iṯnân
dimanche	الأحد	al-aḥad
dire	قال	qâla
dix	عشرة	ʿašara
eau	ماء	mâʾ
école	مدرسة	madrasa
enchanté(e)	تشرّفنا	tašarrafnâ
été	صيف	ṣayf
félicitations !	مبروك	mabrûk
fer	حديد	ḥadîd
fête	عيد	ʿîd
fille	بنت	bint
fils	ابن	ʾibn
français (langue)	الفرنسيّة	al-faransiyya
frère	أخ	ʾaḫ
fruits	فواكه	fawâkih
gare	محطّة	maḥaṭṭa
géographie	جغرافية	juġrâfya
grand	كبير	kabîr
hier	أمس	ʾams
histoire	تاريخ	târîḫ
hiver	شتاء	šitâʾ
huile	زيت	zayt
huit	ثمانية	ṯamâniya
ici	هنا	hunâ
il y a	هناك	hunâka
jaune (f)	صفراء	ṣafrâʾ
jaune (m)	أصفر	ʾaṣfar
jeudi	الخميس	al-ḫamîs
jupe	تنّورة	tannûra
jus	عصير	ʿaṣîr
là-bas	هناك	hunâka
lait	حليب	ḥalîb
langue	لغة	luġa
leçon	درس	dars
légumes	خضار	ḫuḍâr
littérature	أدب	ʾadab
livre	كتاب	kitâb
lundi	الإثنين	al-iṯnayn
magasin	متجر	matjar
maintenant	الآن	al-ʾân
maison	بيت	bayt
manteau	معطف	miʿṭaf
mardi	الثلاثاء	aṯ-ṯulaṯâʾ
mathématiques	رياضيّات	riyâḍiyyât
menthe	نعناع	naʿnâʿ
mer	بحر	baḥr
merci	شكراً	šukran
mercredi	الأربعاء	al-arbiʿâʾ
mère	أم	ʾum
mot	كلمة	kalima
musique	موسيقى	mûsîqâ
musulman	مسلم	muslim
neuf	تسعة	tisʿa
noir	أسود	ʾaswad
noire	سوداء	sawdȧ
non	كلّا	kallâ
nouveau	جديد	jadîd
or	ذهب	ḏahab
orange	برتقال	burtuqâl
où ?	أين	ayna
oui	نعم	naʿam
pantalon	بنطلون	banṭalûn
Paris	باريس	bârîs
parler	تكلّم	takallama
père	أب	ʾab
petit	صغير	ṣaġîr
philosophie	فلسفة	falsafa
photo	تصوير	taṣwîr
piscine	مسبح	masbaḥ
place	ساحة	sâḥa
poésie	شِعر	šiʿr
poisson	سمك	samak
poste	مكتب البريد	maktab al-barîd
pourquoi ?	لماذا	limâḏa
printemps	ربيع	rabîʿ
prix	ثمن	ṯaman
qu'est-ce que ?	ماذا	mâḏâ
quand ?	متى	matâ
quatre	أربعة	ʾarbaʿa
qui ?	مَن	man
ramadan	رمضان	ramaḍan
restaurant	مطعم	maṭʿam
rivière	نهر	nahr
robe	فستان	fustân
rouge (f)	حمراء	ḥamrâʾ
rouge (m)	أحمر	ʾaḥmar
rue	شارع	šâriʿ
salade	سلطة	salaṭa
salle de bains	حمّام	ḥammâm
salon	بهو	bahu
samedi	السبت	as-sabt
sept	سبعة	sabʿa
s'il te/vous plaît	من فضلك	min faḍlik
six	ستّة	sitta
sœur	أخت	ʾuḫt
sport	رياضة	riyâḍa
stade	ملعب	malʿab
sucre	سكّر	sukkar
thé	شاي	šây
théâtre	مسرح	masraḥ
toilettes	مرحاض	mirḥâḍ
train	قطار	qiṭâr
très	جدّاً	jiddan
trois	ثلاثة	ṯalâṯa
un	واحد	wâḥid
vélo	درّاجة	darrâja
vendredi	الجمعة	al-jumuʿa
verre	كأس	kȧs
vert	أخضر	ʾaḫḍar
verte	خضراء	ḫaḍrâʾ
veste	سترة	sutra
viande	لحم	laḥm
ville	مدينة	madîna
voiture	سيّارة	sayyâra
zéro	صفر	ṣifr

Achevé d'imprimer chez Macrolibros (Espagne)
Dépôt légal : avril 2013 - 314253/02
N° de projet : 11031086 - avril 2015